名家
谈教育

蔡元培

谈教育

蔡元培 ◎ 著

辽宁人民出版社

图书在版编目（CIP）数据

　蔡元培谈教育 / 蔡元培著. —沈阳：辽宁人民出
版社，2015.1
　（名家谈教育丛书）
　ISBN 978-7-205-08102-7

　Ⅰ．①蔡… Ⅱ．①蔡… Ⅲ．①蔡元培（1867～1940）
—教育思想—文集 Ⅳ．①G40-092.6

　中国版本图书馆CIP数据核字（2014）第270662号

出版发行：辽宁人民出版社
　　　　　地址：沈阳市和平区十一纬路25号　邮编：110003
　　　　　电话：024-23284321（邮　购）　024-23284324（发行部）
　　　　　传真：024-23284191（发行部）　024-23284304（办公室）
　　　　　http://www.lnpph.com.cn
印　　刷：沈阳天正印刷厂
幅面尺寸：160mm×230mm
印　　张：12
字　　数：166千字
出版时间：2015年1月第1版
印刷时间：2015年1月第1次印刷
责任编辑：艾明秋　赵维宁
封面设计：Amber Design 琥珀视觉
版式设计：姿　兰
责任校对：王珂洁
书　　号：ISBN 978-7-205-08102-7

定　　价：23.00元

目　录

导读 蔡元培认为，不仅贫儿应受到专业的教育，普通家庭的儿童也应该受到专业的教育而不能依赖家庭教育。其理由有二：一是教育是专门的事业，不是人人能够担任的；二是父母没有足够实施教育的时间。蔡元培进而提出三种希望：一是建议成立胎教院、乳儿院；二是提倡杜威的新教育主义；三是希望男女合演新剧。

贫儿院与贫儿教育的关系
——在北京青年会演说词

贫儿院的历史同成效，刘景山先生已讲得很详细了。鄙人对于贫儿院，有一种特别感想，并且有一种特别希望。所以看得这一次的募捐，比较别种慈善事业尤为重要。请与诸位男女来宾讲讲。

贫儿是没有受家庭教育的机会，所以到院。这原是他们的不幸。但鄙人对于家庭教育很有点怀疑。第一层：教育是专门的事业，不是人人能担任的。譬如诸位有一块美玉，要琢成佩件，必要请教玉工。又如有几两黄金，要炼成首饰，必要请教金工。断不是人人自作的。现在要把自家子女造成适当的人物，敢道比琢玉炼金容易，人人可以自任的么？第二层：有子女的人，不是人人有实行教育的时间。男子呢，莫不有一定职业，就每日有一定做工的时间。做工完毕了，还有奔走公益的，应酬亲友的，随意消遣的。请问每日中有多少时间可以在家与他的子女相见？妇人呢，或是就职业，或是操家政，也有讲应酬好消遣的，请问每日中有多少时间可以专心对付他的子女？所以有钱的就把子女交给没有受过教育的仆婢，统统引诱坏了；没有钱的就听子女在家里胡闹，或在街上乱跑。父母闲暇了，高兴了，子女就有不好的事，也纵容他；忙不过来了，不高兴了，子女就有好的事，也瞎骂一阵，乱打几拳。这又是大多数父母的通病了。而且现在的家庭对于儿童可以算好的榜样么？正经的父母不知道儿童性情与成人大有不同，立了很严规矩，要儿童仿作，已经很不相宜了。还有大多数的父母夫妇的关系、兄弟姊娌的关系、姑嫂的关系、主仆的关系、亲戚邻居的关系，高兴了就开玩笑，讲别人的丑事；不高兴了，相骂相打。要是男子娶了妾，雇了许多男女仆，那就整日的演妒忌猜疑的事，甚且什么笑话都可以闹出来。这可以做儿童的榜样么？兼且成年的人爱看的书报与图画，爱听的笑话与鼓词，不免有不宜于儿童的，父母看了听了，可以不到儿童的耳目么？有许多儿童都是受了家庭不好的教育，进学校后很不容易改良。所以我对于家庭教育很有点怀疑。

我们古代的大教育家，要算是孔子、孟子。孔子有一个学生叫陈亢，疑孔子教训儿子总比教训学生有特别一点的。有一日问着孔子的儿子伯鱼。照伯鱼对答的：有一次遇见了他的父亲，问他学了诗没有。他说没有学。他的父亲就说了不学诗的短处。又有一次遇见了他的父亲，问他学了礼没有。他也说没有学。他的父亲就说了不学礼的短处。陈亢恍然大悟，知道君子是疏远他的儿子呢。孟子有一个学生，叫公孙丑，有一日问道：君子为什么不亲自教他的儿子？"孟子答道："办不到。教他必用正道。教了不听，必要怒。怒了便伤了父子的感情。万一儿子想着父亲教我的，他自己也还没有做到，这更是彼此互相责备，更坏了。所以古人用交换法把自己的儿子请别人教，反替别人教他的儿子呵。"照此看来，圣如孔子、贤如孟子，尚且不敢用家庭教育，何况平常人呢？

所以我的理想：一个地方必须于蒙养院与中小学校以外，有几个胎教院、几个乳儿院，都由专门的卫生家管理。胎教院的设备，如饮食、器具、花园、运动场、装饰的雕刻与图画、陈列的书报，都是有益于孕妇的身体与精神的。因为孕妇身体上受了损害，或精神上染了污浊，都要害及胎儿的。乳儿院的设备，必须于乳儿的母亲身体上、精神上都是有益的。要是母亲有了疾病，或发了邪淫、愤怒、悲愁的感情，都是害及乳儿的。有了这种设备，不论那个人家，要是妇人有了孕，便是进胎教院；生了子女，便迁到乳儿院。一年以后，小儿断乳，就送到蒙养院受教育，不用他的母亲照管。他的母亲就可以回家，操他的家政，或营他的职业了。

现在还没有这种组织，运动别人，别人也不肯信。我想先从贫儿院下手。要是贫儿院试办这种事情很有成效，那就可以推广到不贫的儿童了。这是我的第一种希望。

美国大教育家杜威博士，不久要来中国。他创了一种很新的教育主义，是即工即学，是要学校生活与社会生活密接。曾在雪卡哥大学附设一个学校试验过，很有成效。我于民国元年在南京发表一篇《对于教育方针之意见》，曾于实利主义一节中介绍过。去年在天津青年会演讲《新教育与旧教育之歧点》，又介绍过一回。他的即工即学主义，是学生只须做工，一切学理就在做工的时候指点他，用不着什么教科书。我但用贫儿院已设的烹饪、裁缝、木器与地毯四项工作做个比例，就容易明白了。这四项的原料都是动植物，便可以讲生物学。这四项的工具都是矿物做成的，便可以讲矿物学、地质学。做这四项工作的时候，或用热度，或用手力，或用机械，或用电磁，就可以讲物理学。食物的调和，衣服的漂白与渲染，木器的油漆，都与化学有关，便可以讲化学。食物的分量，衣服的尺寸，木器各方面的比例，地毯与房屋的配合，各种原料与工具的购入，各种成绩品的出售，都要计算、记录，便可以讲数学与簿记法。指明原料出产的或成绩品出售的地方，比较各民族饮食、衣服、器具的异同，便可讲地理学与人类学。比较古今饮食、衣服、器具的异同，便可讲历史学。做工要勤，要谨慎，要有进步，要与同作的学生互相帮助。这四项工作以外，有休息，有共同的运动，又有洗濯食器与衣服、整理被褥、洒扫堂室、应对宾客等杂务，便可以讲卫生与修身。就食物的装置、衣服与器具的形式与色彩，可以讲美学与美术。就贫儿以往的苦痛，现在的安乐，将来的希望，也可以讲点哲学。把一切经过的情形，或教习的言语叫各人写出来，便可以练习国文或外国文。诸位看！照此办法还要用什么教科书么？还要聚了几十个学生在教室里面，各人对了一本书，听教习一句一句地呆讲么？但这种学校生活与社会生活密接的组织，不但我们中国人没有肯办的，就是办了，也怕没有人肯送他的子弟来。因为中国人现在还叫进学校作读书，要是到校以后，只有工作，没有读书，就一定不赞成了。现在贫儿院既有工作，何不把上午的读书省却，匀派在工作的时间，来试试杜威博士的新主义呢。要是试了有成效，就可以劝别的学校也来试试。这是我第二种的希望。

我国人不许男女间有朋友的关系，似乎承认"男女间只有恋爱的关系"，所以很严地防范他。既然有此承认，所以防范不到处，就容易闹笑话了。欧美人承认男女的交际，与单纯男子的或单纯女子的，完全一样。普通的交际与友谊的关系隔得颇远，友谊的关系与恋爱的关系，那就隔得更远了。他们男女间看了自己的人格同对方的人格，都非常尊重。而且为矫正从前轻视女子的恶习，交际上男子尤特别尊重女子，断不敢稍有轻率的举动。即如跳舞会是古代传下来的习惯，也是随时代进化，活泼中仍含着谨严的规则。不是为贫儿院筹款，曾在迎宾馆举行一次，诸君曾经参与的么？近来女权发展，又经了欧洲的大战争，从前男子的职业，一大半都靠女子来担任。此后男子间互助的关系，无论在何等方面，必与单纯男子方面或单纯女子方面一样。我们国里还能严守从前男女的界限，逆这世界大潮流么？但是改良男女的关系，必要有一个养成良习惯的地方，我以为最好是学校了。外国的小学与大学，没有不是男女同校的。美国的中学也是大多数男女同校。我们现在除国民小学外，还没有这种组织。若要试办，最好从贫儿院入手。院中男女生都有，但男生专做木工、毡工，女生专做烹饪、裁缝，划清界限，还不是男女同校的真精神。最好破除界限，不论何等工作，只要于生理上、心理上相宜的，都可以自由选择，都可以让他们共同操作。要是试验了成绩很好，那就可以推行到别的学校了。

还有一层，中国的戏剧不许男女合演，用男子来假装女子，这是最不自然的。所以扭扭捏捏，不但演剧时不合女子的态度，反把平日间本人的气概都改变了。我不喜观旧剧，对于学生演新剧亦不大欢迎，就是为此。但现在男女尚不能同校，若要合男女学生试演新剧，学生的父母不是要大不答应的么？我以为此事也可由贫儿院先来试办。先就译本的西剧中，选几种悲剧来试演，演得纯熟了，要是开筹款会就可以演给来宾看看，不专靠现在男生的唱歌、女生的跳舞了。要是有几个学生演得很好，就可以作为改良戏剧的起点，不是很有关系么？

以上三端，都想借贫儿院试试男女共同操作的习惯，是我第三种的希望。

我有上述的特别感想与这三种希望，所以看得贫儿院非常重要。尤希望男女来宾竭力替他筹款，不但帮他维持，还要帮他发展呵！

1919年

导读 早在1919年，蔡元培即已认为：将来应用文，一定全是白话。但美术文，或者有一部分仍用文言。这个论断在今天已经成为现实。北京大学能够成为中国新文化运动、白话文运动的发源之地，校长蔡元培功不可没。

国文之将来

——在北京女子高等师范学校演说词

今日是贵校毛校长与国文部陈主任代表国文部诸君要我演说，我愿意把国文的问题提出来讨论。尤愿意把高等师范学校应当注意那一种国文的问题提出来讨论。所以预拟了《国文之将来》的题目。

国文的问题，最重要的就是白话与文言的竞争。我想将来白话派一定占优胜的。

白话是用今人的话来传达今人的意思，是直接的。文言是用古人的话来传达今人的意思，是间接的。间接的传达，写的人与读的人都要费一番翻译的工夫，这是何苦来？我们偶然看见几个留学外国的人，写给本国人的信都用外国文，觉得很好笑。要是写给今人看的，偏用古人的话，不觉得好笑么？

从前的人，除了国文，可算是没有别的功课。从六岁起到二十岁，读的写的，都是古人的话，所以学得很像。现在应学的科学很多了，要不是把学国文的时间腾出来，怎么来得及呢？而且从前学国文的人是少数的，他的境遇，就多费一点时间，还不要紧。现在要全国的人都能写能读，那能叫人人都费这许多时间呢？欧洲十六世纪以前，写的读的都是拉丁文。后来学问的内容复杂了，文化的范围扩张了，没有许多时间来摹仿古人的话，渐渐儿都用本国文了。他们的中学校，本来用希腊文、拉丁文作主要科目的。后来创设了一种中学，不用希腊文。后来又创设了一种中学，不用拉丁文了。日本维新的初年，出版的书多用汉文。到近来，几乎没有不是言文一致的。可见由间接的，趋向直接的，是无可抵抗的。我们怎么能抵抗他呢？

有人说：文言比白话有一种长处，就是简短，可以省写读的时间。但是脑子里翻译的时间，可以不算么？

有人说：文言是统一中国的利器，换了白话，就怕各地方用他本地的话，中国就分裂了。但是提倡白话的人，是要大家公用一种普通话，借着写的白话来统一各地方的话，并且用读音统一会所定的注音字母来帮助他，哪里会分裂呢？要说是靠文言来统一中国，那些大多数不通文言的人，岂不摒斥在统一以外么？

所以我敢断定白话派一定占优胜。但文言是否绝对的被排斥，尚是一个问题。照我的观察，将来应用文，一定全用白话。但美术文，或者有一部分仍用文言。

应用文，不过记载与说明两种作用。前的是要把所见的自然现象或社会经历给别人看。后的是要把所见的真伪善恶美丑的道理与别人讨论。都只要明白与确实，不必加新的色彩，所以宜于白话。譬如司马迁的《史记》，不是最有名的著作么？他记唐虞的事，把钦字都改作敬字，克字都改作能字，其余改的字很多，记古人的事，还要改用今字，难道记今人的事反要用古字么？又如六朝人喜作骈体文，但是译佛经的人，别创一种近似白话的文体，不过直译印度文与普通话不同罢了。后来禅宗的语录，就全用白话。宋儒也是如此。可见记载与说明应用白话，古人已经见到，将来的人，自然更知道了。

美术文，大约可分为诗歌、小说、剧本三类。小说从元朝起，多用白话。剧本，元时也有用白话的。现在新流行的白话剧，更不必说了。诗歌，如《击壤歌》等，古人也用白话。现在有几个人能做很好的白话诗，可以料到将来是统统可以用白话的。但是美术有兼重内容的，如图画、造像等。也有专重形式的，如音乐、舞蹈、图画等。专重形式的美术，在乎支配均齐，节奏调适。旧式的五、七言律诗与骈文，音调铿锵，合乎调适的原则，对仗工整，合乎均齐的原则，在美术上不能说毫无价值。就是白话文盛行的时候，也许有特别传习的人。譬如我们现在通行的是楷书、行书，但是写八分的，写小篆的，写石鼓文或钟鼎文的，也未尝没有。将来文言的位置，也是这个样子。

至于高等师范的学生，是预备毕业后做师范学校与中学校的教习的。中学校的学生虽然也许读几篇美术文，但练习的文不外记载与说明两种。师范学校的学生是小学校教习的预备，小学校当然用白话文。照这么看起来，高等师范学校的国文，应该把白话文作为主要。至于文言的美术文，应作为随意科，就不必人人都学了。

1919年

导读   蔡元培认为,在中学生的读书时代,最要紧的科目有三:数学、外语、国文。这三个科目时至今日,也是中国九年义务教育的最受重视的三个科目。蔡元培在文末强调,这三个科目都不是靠教室内听听便可以了事的,而要比拼各人自修的功夫。

中学的教育

我在北京的时候,早知道贵校很有声名的。今天承贵校欢迎,得与诸君谈谈,很觉愉快。但是因为时间仓卒,没有预备,只好以短时间谈一谈中学的教育。

一般办中学的人,大都两种观念:第一是养成中坚人物;第二是预备将来升学。所谓养成中坚人物的,就是安排他们在中学毕业之后,马上就可以去到社会上做事。其实,中学所得的知识很浅,并不能够应用他去做特殊的事业,纵然可以做一点儿,也不过很平常、平常的,甚至变做一个中等游民,也不稀奇的。除了当当绅士之外,简直无所措手足。所以说,要养成中坚人物很难能的了。

德国的学制,文实分科。中古时代,文科注重拉丁、希腊文,以后科学渐渐发明,始趋重理、数各科,并且因为趋重活的文学的关系,所以把拉丁、希腊的死文学通通去掉了。实科注重理、数各科,但是后来也渐渐地趋重哲学、外国文……又有注重医学的。到了后来,还有些学校对文实两种双方并重的,简直可以说是文实科。照这样看起来,学文科的不能不兼重实科的科学;学实科的同时也不能不兼重文科的科学。这样分科的制度,都是想要达到上面所述的那两个目的。

日本的学制，是仿照德国的，并且把他越弄越笨了。他把中学的目的完全看做养成社会中坚人物，所以在中学的上面有高等学校，为入大学的预备学校。

中国的学制，又纯从日本抄袭出来的，大略与日本相仿佛。因为中学程度不能直接升入大学，所以大学设有预科。但是总计小学、中学的年限共有十一年了，加上大学预科二年，共有十三年，才能达到大学的本科，时间已觉得太长，现在还想在中学加增年限，那就更不经济了。所以有人主张文、实分科，但也未见得就是顶好的法子。譬如大学原来是采分科制的，然而现在也觉得不十分便当，想要把他变通，去掉分科制，何况中学呢。比方文科的哲学，离不掉生物学、物理学、化学……因为不如是，那范围就未免太小。学理科的人，也不能不知道哲学；学天文学的人，更加不能不知道数学以及其他科学，况且我们应当具有宇宙观的。所以学实科的人，也要知道文科的科学。当然，学其他科的，除对于所专攻的科学以外，有关联的各科，也要达到普通的程度，不能单向一方进行，所以中学要想文、实分科，非常困难。但是，现在已经把国文改为白话，可以免掉专攻国文的工夫，同时可以省得多少时间。外国语一项，普通一般都教些文学书，我以为可以不必专读几本文学书，尽可读些科学读本，如游记……一方面可以学习外国语，他方面可以兼得科学上的知识，把这些所省的时间和精力，去普遍研究科学，年限和分科都不成什么顶难解决的问题了。

外国中学不专靠教科书，常常从书本以外，使学生有自己研究的余地，所以他读的是有用的，是活的科学，毕业以后，出来在社会上做事，很不费力。但是有一种通病，恐怕无论哪国都差不多，所有的教科书，每每不能学完，一方面固然是教员没有统计预算，但他方面还是为着学生没有自己研究的能力，没有自动的精神，所以弄得毕业之后，又不能进大学，简直没有一点事可以干，恰成一个游民。

日本中学是预备做中等社会的人，造成一般中坚分子，倘若自量他的能力不能够入大学毕业，就可不进中学，免得枉费光阴，他便一直入中等实业学校一甲种实业学校，毕业出来，可以独立谋生活，比较我们中国中学毕业生仅仅做一个游〈民〉那就好多了。所以我说中学的目的，只是唯一的预备升学。

但是进中学的时候，自己就要注重个人自修，预备将来可以升什么学校。中学生在修业时代，最紧要的科学有三种，分述如下。

（一）数学　因为我们无论将来是进哪一科，哲学或者是文学，通通离不掉数理的羁绊，至于讲到理、数各科，工、农、商科，更不消说了。

（二）外国语　因为中国科学不甚发达，大半都是萌芽时代，要学高深科学，非直接用原本不行，而且在中学时不注意外国语，以后更难了。

（三）国文　我们是中国人，对于本国文学，当然要具有普通的学识，但是不要学什么桐城派，四六文，……。只要对于日常用的具备和发表自己的思想毫无阻碍就够了。

以上这三种，对于升学很有关系，很须注意。但是都不纯粹靠教室内听听时候所能了事的，还是看各个人自修的功夫何如，所以我很希望诸君在课外还要特别留心才是。

我今天所讲的，不是专指贵校说的，是泛论中学的教育，供你们参考罢了。

1920年

┃导读┃ "诸君当此青年时代，到中学读书，今日的学生，就是将来改造社会的中坚人物。对于读书和做事，都要存一种诚心，凡事只要求其尽责在我，不可过于责人。就以学校的设备上讲，或因经济的关系，或因不得已的事故，力量做不到的时候，大家要设身处地想想才好。"

学生的责任和快乐

今天承贵校欢迎，我是很不敢当的。我昨天到岳云中学演讲，从贵校门口经过，看到贵校规模阔大，听说贵校内容也是很好的，我很想到贵校参观。适逢贵校校长请我今日演讲，使我得与诸君有谈话的机会，我心里是很愉快的，所以我于百忙中，抽出时间与诸君谈谈。

贵校的校名是"兑泽"二字，在先前创办的人，取这两个字，是很有意思的。"兑"字怎样呢？"兑者说也"，就是学有所得、令人快乐的意思。所以孔子说："学而时习之，不亦说乎。"就他这句话讲，诸君由小学毕业，继续升入中学，求学的时间没有中断，也算是时习了，自然有许多喜悦的事情。孔子又说："有朋自远方来，不亦乐乎。"孔子当日设教杏坛，三千徒众，都是从远方来的。贵校性质，虽说是由西路公学改变的，这不过是历史上的关系。就教育原理上讲，没有什么界限。现在所有的学生，大概都是从远方来的，朝夕相见，研究各种科学，这是第一层可快乐的事情。

前几年张敬尧督湘，对于教育摧残殆尽，贵校尚能维持下去，一方面是教职员办事的毅力，他方面是诸位求学的热忱。我是很佩服的。现在张敬尧已去，依我数日的观察，贵省的教育，很有新机，就是先前回去的学生，也都来了。

"旧雨重逢，济济一堂"，这是第二层可快乐的事情。孔子所说的话，大概是这个意思。

我再回溯去年五四运动以后，我们一般学子受了这种感触，其中由自觉到觉人的很不少，至若学生去岁干预政治问题，本是不对的事情，不过当此一发千钧的时候，我们一般有知识的人，如果不肯牺牲自己的光阴，去唤醒一般平民，那么，中国更无振兴的希望了。但是现在各位的牺牲，是偶然的，不得已的。若是习以为常，永荒学业，那就错了。还有一层，现在各位为社会服务，这也算是分内的事情，不一定要人家知道，只要求其如何能尽自己的责任，并且不要以此为出风头、沽名誉的器具。纵然人家不知道我，我也无须要人知道，这就是孔子所讲的"人不知而不愠"的意思。

上面所讲的是学生的责任和学生的快乐。我还有几句话要奉告诸君的。诸君当此青年时代，到中学读书，今日的学生，就是将来改造社会的中坚人物。对于读书和做事，都要存一种诚心，凡事只要求其尽责在我，不可过于责人。就以学校的设备上讲，或因经济的关系，或因不得已的事故，力量做不到的时候，大家要设身处地想想才好。今天我还要到别处演讲，时间将到了，不能多说，我所贡献各位的，就是这样。

1920年

导读 "普通教育和职业教育，显有分别：职业教育好像一所房屋，内分教室、寝室等，有各别的用处；普通教育则像一所房屋的地基，有了地基，便可把楼台亭阁等建筑起来。故职业教育所注重的，是专门的技能或知识，有时研究到极精微处，也许有和日常生活绝不相干的情形。"

普通教育和职业教育
——在新加坡南洋华侨中学等校欢迎会的演说词

兄弟已经几次到过新加坡了，今天得有机会，和诸位共话一堂，实在荣幸得很！只是今天没有什么预备，所以不能有多少贡献，还望诸君原谅。

在座诸君，大半是学界中人，因此可知这里的学校多了。我今天就把普通教育和职业教育说一说。刚才从中学校来，知道中学内有商科一班，这却是职业教育的性质，不在普通小学校或中学校的普通教育范围以内。

普通教育和职业教育，显有分别：职业教育好像一所房屋，内分教室、寝室等，有各别的用处；普通教育则像一所房屋的地基，有了地基，便可把楼台亭阁等建筑起来。故职业教育所注重的，是专门的技能或知识，有时研究到极精微处，也许有和日常生活绝不相干的情形。例如研究卫生的，查考起微生虫来，分门别类，精益求精，有一切另外的事都完全不管的态度。这是从事专门学问的特异点。

可是我们要起盖房子时，必得先求地基坚实，若起初不留意，等到高屋将成，才发见地基不稳，才想设法补救，已经来不及了。我刚才讲过普通教育好像房屋的地基一样，所以教育者和被教育者，都要特别注意才是。现今欧美各大学中的课程，非常严重，对于各种基本的知识，差不多不很注意了。为什么呢？因为学生在中小学的时代，早已受了很重的训练，把高深学术的基础筑固了，入大学时自然不觉得困难。若在中小学内，并没有建筑好基础，等到自悟不够时，再要补习起来，那就很不容易了。

因此前年我国审查教育会，把普通教育的宗旨，定为：（一）养成健全的人格，（二）发展共和的精神。

所谓健全的人格，内分四育，即：（一）体育，（二）智育，（三）德育，（四）美育。

这四育是一样重要，不可放松一项的。先讲体育，在西洋有一句成语，叫做健全的精神，宿于健全的身体。足见体育的不可轻忽。不过体育是要发达学生的身体，振作学生的精神，并不是只在赌赛跑跳或开运动会博得名誉体面上头，其所以要比赛或开运动会，只是要引起研究体育的兴味；因恐平时提不起锻炼身体的精神，故不妨常和人家较量较量。我们比不过人家时，便要在平常用功了。其实体育最要紧的，是合于生理。若只求个人的胜利，或一校的名誉，不管生理上有无危险，这不要说于身体上有妨害，且成一种机械的作用，便失却体育的价值了。而且只骛虚名，在心理上亦易受到恶影响。因为常常争赛的结果，可使学生的虚荣心旺盛起来；出去服务社会，一切举动，便也脱不了虚荣心的气味，这是贻害社会不浅的。不过开运动会和竞技等，在平时操练有些呆板乏味时，偶然举行一下，倒很可能调剂机械作用。因变化常态而添出兴趣，是很好的，只要在心理上使学生彻底明白体育的目的，是为锻炼自己的身体，不是在比赛争胜上，要使他们望正鹄做去。

次讲智育，案我们教书，并不是像注水入瓶一样，注满了就算完事。最要是引起学生读书的兴味。做教员的，不可一句一句、或一字一字的，都讲给学生听。最好使学生自己去研究，教员竟不讲也可以，等到学生实在不能用自己的力量了解功课时，才去帮助他。至于常用口头的讲授，或恐有失落系统的毛病，故定出些书本来，而定书本也要看学生的程度，高下适宜才对。做学生的，也不是天天到校把教科书熟读了，就算完事，要知道书本是不过给我一个例子，我要从具体的东西内抽出公例来，好应用到别处去。譬如从书上学到菊花、看见梅花时，便知也是一种植物；从书上学得道南学校、看见端蒙学校，便也知道是什么处所；若果能像这样的应用，就是不能读熟书本，也可说书上的东西都学得了。

再现在各学校内，每把学生分为班次，要知这是不得已的办法，缘学生的个性不同：有的近文学，有的喜算术等；所以各人于各科进步的快慢，也不能一致，但因经济方面，或其他的关系，一时竟没法子想。然亦总须活用为妙。即有特别的天才的，总宜施以特别的教练。在学生方面，也要自省，我于哪几科觉得很困难的，须格外用功些，哪几科觉得特别喜欢的，也不妨多学些。总之，教授求学，两不可呆板便了。

至于德育，并不是照前人预定的格言做去就算数。有些人心目中，以为孔子或孟子所讲的总是不差，照他们圣人的话实行去，便是有道德了；其实这种见解，是不对的。什么叫道德，并不是由前人已造成的路走去的意义，乃是在不论何时何地照此做法，大家都能适宜的一种举措标准。是以万事的条件不同，原理则一。譬如人不可只爱自己，于是有些人讲要爱家，这便偏于家庭；或有些人提倡爱群，又偏于群的方面了。可是他的原理，只是爱人一语罢了。故我们要一方考察现时的风俗情形，一方推求出旧道德所以酿成的缘故，拿来比较一下。若是某种旧道德成立的缘故，现在已经没有了，也不妨把他改去，不必去死守他。我此刻在中学校看见办有图书馆、童子军等，这些事物，于许多人很适宜，于四周办事人亦无妨害，这便不是不道德。总之，道德不是记熟几句格言，就可以了事的，要重在实行。随时随地，抱着试验的态度，因为天下没有一劳永逸的事情，若说今天这样，便可永远这样，这是大误。要随时随地，看事势的情形，而改变举措的标准。去批评人家时，也要考察他人所处的环境怎样而下断语才是。

第四美育，从前将美育包在德育里的，为什么审查教育会，要把他分出来呢？因为挽近人士，太把美育忽略了，按我国古时的礼乐二艺，有严肃优美的好处。西洋教育，亦很注意美感的。为要特别警醒社会起见，所以把美育特提出来，与体智德并为四育。

美育之在普通学校内，为图工音乐等课。可是亦须活用，不可成为机械的作用。从前写字的，往往描摹古人的法帖，一点一画，依样葫芦，还要说这是赵字哪，这是柳字哪，其实已经失却生气，和机器差不多，美在哪里？

图画也是如此，从前学子，往往临摹范本，圆的圆，三角的三角，丝毫不变，这亦不可算美。现在新加坡的天气很好，故到处有自然的美，要找美育的材料，很容易。最好叫学生以己意取材，喜图画的，教他图画；喜雕刻的，就教他雕刻；引起他美的兴趣。不然，学生喜欢的不教，不喜欢的硬叫他去做，要求进步，很难说的。像儿童本喜自由游戏，有些人却去教他们很繁难的舞蹈，儿童本喜自由嬉唱，现在的学校内，却多照日本式用1234567等，填了谱，不管有无意义，教儿童去唱。这样完全和儿童的天真天籁相反。还有看见西洋教音乐，要用风琴的，于是也就买起风琴来，叫小孩子和着唱。实则我们中国，也有箫笛等简单的乐器，何尝不可用？必要事事模仿人家，终不免带着机械性质，于美育上，就不可算是真美。

以上四育，都宜时时试验演进，要一无偏枯，才可教练得儿童有健全的人格。

学校教育注重学生健全的人格，故处处要使学生自动。通常学校的教习，每说我要学生圆就圆，要学生方就方，这便大误。最好使学生自学，教者不宜硬以自己的意思，压到学生身上。不过看各人的个性，去帮助他们作业罢了。但寻常一级的学生，总有二十人左右。一位教员，断不能知道个个学生的个性，所以在学生方面，也应自觉，教我的先生，既不能很知道我，最知我的，便是我自己了。如此，则一切均须自助才好。大概受毕普通教育，至少要获得地平线以上的人格，使四育平均发展。

又我们人类，本是进化的动物，对于现状常觉不满足的。故这里有了小学，渐觉中学的不可少，办了普通教育，又觉职业教育的不可少了。南洋是富于实业的地方，我们华侨初到这里的，大多数从工事入手以创造家业。不过发大财成大功的，都从商务上得来。商业在南洋，的确很当注意的，这里的中学，就应社会的需要，而先办商科。然若进一步去研究，商业的发达，必借原料的充裕，那原料，又怎样能充裕呢？不消说，全在农业的精进了。农业更须种种的农具，要求器械的供给，又宜先开矿才行，这又侧重到工艺上头。按我国制造的幼稚，实在不容不从速补救。开了铁矿自己不会炼钢，却将原料卖给别国，岂不可惜？若精了制造术，便不怕原料的一时跌价，因为我们能自己制造应用品出售，也可不吃大亏啦。

照现在的社会看来，商务的发达，可算到极点了，以后能否保持现状，或更有所进步，这都不能有把握。万一退步起来，那么，急须从根本上补救。像研究农业和开工厂等，都足为经商的后盾，使商务的基础，十分稳固，便不愁不能发展。故学生中有天性近农近工的，不妨分头去研究，切不可都走一条路。

农商工的应用，我们都知道了。但在西洋，这三项都极猛进。而我国自古以农立国，工业一途，亦发达极早。何以到了今日都远不如他们呢？这便因他们有科学的缘故。一个小孩子知识未足时，往往不知事物的源本。所以若去问小孩子，饭是从哪里来的？他便说"从饭桶里来的"。聪明些的，或能说"从锅子里来的"。都不能说从田里来的。我国的农夫，不能使用新法，且连一亩田能出多少米，养活多少人，都不能计算出来，这岂不是和小孩子差不多么？故现在的学生，对于某种科学有特别的兴味的，大可去专门研究。即如性喜音乐的，将来执业于社会，能调养他人的精神，提高社会的文化，也尽有价值，尽早自立。做教师的，不妨去鼓舞他们，使有成功。总之，受毕普通教育，还要力图上进，不可苟安现状。若愁新洲没有专门学校，那可设法回国，或出洋去。

我最后还有几句关于女学校的话要说：这里的学校，固已不少，但可惜还没有女子中学。刚才在中学时，涂先生也曾提及这一层。我想男女都可教育的，况照现在的世界看来，凡男子所能做的，女子也都能做。不过我国男女的界限素严，今年内地各校要试办男女合校时，有许多人反对。若果真大众都以为非分校不可，那就另办一所女子中学也行。若经济问题上，不能另办时，我看也可男女合校的。在美国的学校，大都男女兼收，虽有几校例外，也是历来习惯所致。在欧洲还有把一校划分男女二部的，这也是一种方法。总之，天下无一定不变的程式，只有原理是不差的。我们且把胆子放大了，试试男女合校也好。若家庭中父兄有所怀疑时，就可另办一所女子中学，或把男子中学划分二部，或把讲堂上男女座位分开，便极易办到了。这女子中学一事，只要父兄与学生两方面，多数要求起来，我想一定可以实现的。我今日所说的，就是这些了。

1921年

┃导读┃ 这篇文章很短，所透露出的信息却很多，或者说是蔡元培所提倡的多个教育观点在本文中都有体现，比如师范生知识的兼长并进问题、在普通学校实施选科制和小学教员的责任问题，等等。

对于师范生的希望

在今日看来，无论中外，男女都要受教育，并且所受的教育都要一样的。从前的人以为所学的科学不必相同，有女子须学而男子不应学者，有男子须学而女子不应学者，于是学校有男女之别。社会情形改变，家庭情形亦随之改变：从前只有男子在社会上做事，女子毫不负责任，近年来女子常常代男子做许多社会事业，譬如欧战发生以后，男子都从军去了，女子乃不得不在社会上做事。塞尔维亚的女子也有从军的。照这样看来，男女所做的事，应该相同。中国的教育，男女学校不是平行发达：男子有专门学校，有大学校，女子没有，所以北京大学实行男女同学。中国有男子师范、女子师范，但男女师范之分离，并不是程度上的关系，并不是功课上的关系，不过因仍旧习惯罢了。

师范的性质与中学不同：中学毕业后还要升学；师范毕业，就要当教员。师范是为培植将来的小学教员。诸位是将来的教员，不可不注重学校中一切的科学。中学各科有各科的教员，教师或只教一种科学，小学则不然。小学内常常以一人兼教各种科学。初等小学常以一人兼学校中一切科学，如手工、图画、音乐、体操，所以一个师范生可以办一个小学。师范生的程度，必须各科都好，才能担负这种责任。小学教师正像工人一样，工人的各种器具都完备，才能制造各种东西，小学教师的各种科学都完善，才能得良好的小学教育。所以师范生须兼长并进，不能选此舍彼。

现在的学校多实行选科制，但这种制度只能行之于高等以上的学校，并且学生只有相对的选择，无绝对的选择，除必修科以外的科学，才有选择权。北京大学现行这种制度，如入化学科，有三分之二是必修科，余者可自由选择。又如在每门选一种或几种科学，而不专习某科者谓之旁听生，修业期限无定，学校亦不发毕业证书。学生所选的科学必须经教员审定，因教员知道选何者有益，选何者无益，如走生路，若无人指引，易入歧路。总而言之，高等教育方行选科制，但须教员认定。

普通教育不能行选科制，只可采用选科精神。从前的学生有因一二种科学不及格而降班者，譬如甲长于国文而算术不好，因算术不好降入低年级，使他的国文也不能随高年级听讲。这种办法很不公平。遇了这种情形可用选科的精神，就是甲算术不好，乙国文不好，可令甲乙二人在低年级听算术国文，其余的科学仍随高年级听讲。普通教育，选科的程度至此为止，普通师范学校当然也是这样。

师范生对于各科的知识，必须贯通，各有心得，多看参考书，参观实在情形，心身上才有利益。怎么叫做师范？范就是模范，可为人的榜样。自己的行为要做别人的模范，所以师范生的行为最要紧。模范不是短时间能成就的，须慢慢的养成。

学校内的规则不许你们这样，或不许你们那样，这是消极的。学生知道这些规则对于我们有益，我情愿遵守，才肯入校。所以学校的规则可说不是学校定的，是你们自己定的。学校的规则如很不方便，可求改良，但不得忽然破坏规则。教室内无规则，就没有秩序，你们当教员的时候愿看见这种情形么？

五四以后，社会上很重视学生，但到了现在，生出许多流弊。学生以自己为万能，常常想去干涉社会上的事和政治上的事。如果学校内有一部分人如此，他部分想用功的人也决不能用功了。欧战①以来，各国毕业生有许多当兵者，但未毕业的仍旧求学。不求学，专想干涉校外的事，有极大的危险。国家的事不是学生可以解决的，学生运动不过要提醒外界的人，不是能直接解决各种问题。所以用不着常常运动。

五四运动发源于北大，当时这种运动，出于势不得已，非有意干涉政治。现在北大的学生决不肯轻易干涉政治上的事。为什么缘故呢？（一）因学问不充足，办事很困难，办事须从学问上入手，不得不专心求学。（二）觉得中国政治问题层出不穷，若常常干预，必至无暇用功。我出京的时候，他们专心求学以外，只办平民学校，不管别的事情了。

小学教员在社会上的位置最重要，其责任比大总统还大些。你们在学校中如有很好的预备，就能担负这责任，有益于社会真不浅呵！

1921年

导读 蔡元培在本文中表达了自己对学生的四点希望：一、自己尊重自己；二、化孤独为共同；三、对自己学问能力的切实了解；四、有计划的运动。

对于学生的希望

我于贵省学生界情形不甚熟悉，我所知者为北京学生界情形，各地想也大同小异。今天到此和诸君说话，便以所知之情形，加以推想，贡献诸君。

五四运动以来，全国学生界空气为之一变。许多新现象、新觉悟，都于五四以后发生，举其大者，共得四端。

一 自己尊重自己

吾国办学二十年，犹是从前的科举思想，熬上几个年头，得到文凭一纸，实是从前学生的普通目的。自己的成绩好不好，毕业后中用不中用，一概不问。平日荒嬉既多，一临考试，或抄袭课本，或打听题目，或请画范围，目的只图敷衍，骗到一张证书而已，全不打算自己要做一个什么样人，自己和人类社会有何关系。五四以前之学生情形，恐怕有大多数是这样的。

五四以后不同了。原来五四运动也是社会的各方面酝酿出来的。政治太腐败，社会太龌龊，学生天良未泯，便忍耐不住了。蓄之已久，迸发一朝，于是乎有五四运动。从前的社会很看不起学生，自有此运动，社会便重视学生了。学生亦顿然了解自己的责任，知道自己在人类社会占何种位置，因而觉得自身应该尊重，于现在及将来应如何打算，一变前此荒嬉暴弃的习惯，而发生一种向前进取、开拓自己运命的心。

二　化孤独为共同

"各人自扫门前雪，不管他人瓦上霜"，是中国古人的座右铭，也就是从前学生界的座右铭。从前的好学生，于自己以外，大半是一概不管，纯守一种独善其身的主义。五四运动而后，自己与社会发生了交涉，同学彼此间也常须互助，知道单是自己好，单是自己有学问有思想不行，如想做事真要成功，目的真要达到，非将学问思想推及于自己以外的人不可。于是同志之联络，平民之讲演，社会各方面之诱掖指导，均为最切要的事，化孤独的生活为共同的生活，实是五四以后学生界的一个新觉悟。

三　对自己学问能力的切实了解

从前学生，对于自己的学问有用无用，自己的能力哪处是长、哪处是短，简直不甚了解，不及自觉。五四以后，自己经过了种种困难，于组织上、协同上、应付上，以自己的学问和能力向新旧社会做了一番试验，顿然觉悟到自己学问不够，能力有限。于是一改从前滞钝昏沉的习惯，变为随时留心、遇事注意的习惯了，家庭啦，社会啦，国家啦，世界啦，都变为充实自己学问、发展自己能力的材料。这种新觉悟，也是五四以后才有的。

四　有计划的运动

从前的学生，大半是没有主义的，也没有什么运动。五四以后，又经过各种失败，乃知集合多数人做事，是很不容易的，如何才可以不至失败，如何才可以得到各方面的同情，如何组织，如何计划，均非事先筹度不行。又知群众运动在某种时候虽属必要，但决不可轻动，不合时机，不经组织，没有计划的运动，必然做不成功。这种觉悟，也是到五四以后才有的。于此分五端的进行。

（一）自动的求学　在学校不能单靠教科书和教习，讲堂功课固然要紧，自动自习，随时注意自己发见求学的门径和学问的兴趣，更为要紧。

（二）自己管理自己的行为　学生对于社会，已经处于指导的地位。故自己的行为，必应好生管理。有些学生不喜教职员管理，自己却一意放纵，做出种种坏行。我意不要人家管理，能够自治，是好的。不要管理，自便放纵，是不好的。管理规则、教室规则等，可以不要，但要能够自守秩序。总要办到不要规则而其收效仍如有规则时或且过之才好，平民主义不是不守秩序，罗素是主张自由最力的人，也说自由与秩序并不相妨。我意最好由学生自定规则，自己遵守。

（三）平等及劳动观念　朋友某君和我说：“学生倡言要与教职员平等，但其使令工役，横眼厉色，又俨然以主人自居，以奴隶待人。”我友之言，系指从前的学生，我意学生先要与工役及其他知识低于自己的人讲求平等，然后遇教职员之以不平等待己者，可以不答应他。近人盛倡勤工俭学，主张一边读书，一边做工。我意校中工作，可以学生自为。终日读书，于卫生上也有妨碍。凡吃饭不做事专门暴殄天物的人，是吾们所最反对的。脱尔斯太主张泛劳动主义。他自制衣履，自做农工，反对太严格的分工，吾愿学生于此加以注意。

（四）注意美的享乐　近来学生多有为麻雀、扑克或阅恶劣小说等不正当之消遣，此固原因于其人之不悦学，尤以社会及学校无正当之消遣，为主要原因。甚有生趣索然，意兴无聊，因而自杀者。所以吾人急应提倡美育，使人生美化，使人的性灵寄托于美，而将忧患忘却。于学校中可实现者，如音乐、图画、旅行、游戏、演剧等，均可去做，以之代替不好的消遣。但切不要拘泥，只随人意兴所到，适情便可。如音乐一项，笛子、胡琴都可。大家看看文学书，唱唱诗歌，也可以悦性怡情。单独没有兴会，总要有几个人以上共同享乐，学校中要常有此种娱乐的组织。有此种组织，感情可以调和，同学间不好的意见和争执，也要少些了。人是感情的动物，感情要好好涵养之，使活泼而得生趣。

（五）社会服务　社会一般的知识程度不进，各种事业的设施，均感痛苦。五四以来，学生多组织平民学校，教失学的人以普通知识及职业，是一件极好的事。吾见北京每一校有二三百人者，有千人者，甚可乐观。国家办教育，人才与财力均难，平民学校不费特别的人才与财力，而可大收教育之效，故是一件很好的事。又有平民讲演，用讲演的形式与平民以知识，也是一件好事。又调查社会情形，甚为要紧。吾国没有统计，以致诸事无从根据计划，要讲平民主义，要有真正的群众运动，宜从各种细小的调查做起。此次北方旱灾，受饥之民，至三千多万。赈灾筹款，须求引起各方的同情，北京学生联合会乃思得一法，即调查各地灾状，用文字或照片描绘各种灾情，发表出来，借以引起同情。吾出京时，正值学生分组出发，十人一组。即此一宗，可见调查之关系重要。

我以上所讲，是普通的。最后对于湖南学生诸君，尚有二事，须特别说一说。

（一）学生参与教务会议问题　吾在京时，即听见人说湖南学生希望甚高，要求亦甚大，有欲参与学校教务会议之事。吾于学生自治，甚表赞同，惟参与教务会议，以为未可，其故因学校教职员对于校务是负专责的，是时时接洽的。若参入不接洽又不负责任的学生，必不免纷扰。北大学生也曾要求加入评议会，后告以难于办到的理由，他们亦遂中止了。

（二）废止考试问题　湖南学生有反对试验之事。吾亦觉得试验有好多坏处。吾友汤尔和先生曾有文详论此事，主张废考，北大高师学生运动废考甚力。吾对北大办法，则以要不要证书为准，不要证书者废止试验，要证书者仍须试验。

　　吾意学生对于教职员，不宜求全责备，只要教职员系诚心为学生好，学生总宜原谅他们。现在是青黄不接时代，很难得品学兼备的人才呵。吾只希望学生能有各方面的了解和觉悟，事事为有意识地有计划地进行，就好极了。

1921年

导读 "今日会中有学术研究会，学与术可分为二个名词，学为学理，术为应用。各国大学中所有科目，如工商，如法律，如医学，非但研求学理，并且讲求适用，都是术。纯粹的科学与哲学，就是学。学必借术以应用，术必以学为基本，两者并进始可。"

在爱丁堡中国学生会及学术研究会欢迎会演说词

今日与诸君聚会，甚为欢乐，更感激诸君厚意。此次出来的时候，本想在英国多住几天，因为英国教育与别国不同，苏格兰与英格兰又不同。爱丁堡风景著名，大学校更著名，地方清静，气候温和，旅费比较的节省，所以中国留学生在此处很多。从前吾在德国时，就知道此地有学生会，似名苏学会，曾见过两次的会报，是用胶版印的。大约在清季，或民国初年间。今日来此，仍有学生会，更有学术研究会。风景既佳，学校又好，大家联合起来，安心求学，比较在伦敦、柏林、巴黎更佳。所以吾在仓促间，必要到此一游。但是今日又须到丹麦，不能久住。且喜得与诸君聚会，又看过大学校、美术专门、博物馆、古堡、旧皇宫等地，更蒙诸君郑重的招待，何等欣幸！兹奉临别数语，望大家注意。

今日会中有学术研究会，学与术可分为二个名词，学为学理，术为应用。各国大学中所有科目，如工商，如法律，如医学，非但研求学理，并且讲求适用，都是术。纯粹的科学与哲学，就是学。学必借术以应用，术必以学为基本，两者并进始可。中国羡慕外人的，第一次是见其枪炮，就知道他的枪炮比吾们的好。以后又见其器物，知道他的工艺也好。又看外国医生能治病，知道他的医术也好。有人说：外国技术虽好，但是政治上只有霸道，不及中国仁政。后来才知道外国的宪法、行政法等，都比中国进步。于是要学他们的法学、政治学，但是疑他们道学很差。以后详细考察，又知道他们的哲学，亦很有研究的价值。他们的好处都知道了，于是出洋留学生，日多一日，各种学术都有人研究了。然而留学生中，专为回国后占地位谋金钱的也很多。所以学工业，预备做技师。学法律，预备做法官，或当律师。学医学，预备行医。只从狭义做去，不问深的理由。中国固然要有好的技师、医生、法官、律师等，但要在中国养成许多好的技师、医生等，必须有熟练技能而又深通学理的人，回去经营，不是依样画葫芦的留学生做得到的。譬如吃饭的时候，问小儿饭从哪里来的？最浅的答语是说出在饭桶里，进一步，说是出在锅子里，再进一步，说是出在谷仓里，必要知道探原到农田上，才是能造饭的，不是专吃现成饭的人了。求学亦然，要是但知练习技术，不去研究学术；或一国中，练习技术的人虽多，研究科学的人很少，那技术也是无源之水，不能会通改进，发展终属有限。所以希望留学诸君，不可忽视学理。

外人能进步如此的，在科学以外，更赖美术。人不能单纯工作，以致脑筋枯燥，与机器一样。运动、吃烟、饮酒、赌博，皆是活泼脑筋的方法，但不可偏重运动一途。烟酒、赌博，又系有害的消遣，吾们应当求高尚的消遣。西洋科学愈发达，美术也愈进步。有房屋更求美观，有雕刻更求精细。一块美石不制桌面，而刻石像，一块坚木不作用器，而制玩物，究竟有何用意？有大学高等专门学校，更设美术学校、音乐学校等，既有文法书，更要文学。所建设的美术馆、博物馆，费多少金钱，收买物品，雇人管理，外人岂愚？实则别有用心。过劳则思游息，无高尚消遣则思烟酒、赌博，此系情之自然。所以提倡美术，既然人得以消遣，又可免去不正当的娱乐。

美术所以为高尚的消遣，就是能提起创造精神。从前功利论，以为人必先知有相当权利，而后肯尽义务。近来学者，多不以为然。罗素佩服老子"为而不有"一语。他的学说，重在减少占有的冲动，扩展创造的冲动，就是与功利论相反的。但这种减少与扩展的主义，可用科学证明。这种习惯，只有美术能养成他。因为美术一方面有超脱利害的性质，一方面有发展个性的自由。所以沉浸其中，能把占有的冲动逐渐减少，创造的冲动逐渐扩展。美术的效用，岂不很大么？中国美术早已卓著，不过好久没人注意，不能尽量发展。现在博物馆还未设立，岂不可惜。所以在外国的时候，既然有很好的机会，就当随处注意。不但课余可时往博物馆赏览，就是路旁校侧，处处都有美术的表现。不仅对于自己精神有利益，就是回国以后，对于提倡美术，也多有补助。若是此时失去机会，以后就懊悔也晚了。

我知道在爱丁堡的同学对于国内的政治是很注意的。中国现在的政治，可云坏极了，一切大权皆在督军掌握，督军并无何等智慧，不过相互为敌，借养兵之名，去攫金钱就是了。譬如说有一万兵的，其实不过数千，将这空饷运入私囊。仅为金钱之计，实无军队可言，更无威武可怕。惟真正民意，为力最大。凡所喜的，都可实现，凡所恶的，都可铲除。前清因失民意而亡，袁氏因失民意而殁。安福兵力很强，又有外人帮助，但因民意反对，终归溃败。现在人心又恨怨督军，都提倡"废督"。大概督军不久也必消灭。但是最重要问题：督军消灭后，又将何以处之？从前执政都想中央集权，实则中国之大，断没有少数人能集权而治的。现在极要的，是从"地方自治"入手。在各地方设高等教育机关，使人民多受教育，自然各方面事务都有适当的人来担任。希望诸君专心求学，学成可以效力于地方，这是救国最好的方法。目前国内政治问题，暂可不必分心。

我想诸君必又很注意于国内学生的情形。曾记得革命以前，在上海、天津以至日本留学界，都有学生作革命的运动。民国成立以后，学生却没有什么重要的表示。前年"山东问题"发生，学生关心国家，代表社会，又活动起来。国人对于学生举动很注重，对于学生议论也很信仰，所以有好机会，为社会做事。不过五四以后，学生屡屡吃亏。中间经过痛苦太多。功课耽误，精神挫伤，几乎完全失败。因此学生发生两种觉悟出来：第一，受此番经验，自知学问究竟不足，于是运动出首的学生，或到外国求学，未出国的，也格外专心用功了。第二，经此番风潮，社会对于学生，都加一番重视。学生自身，也知人格可贵，就大家不肯做贬损人格的事情。所以对于中国学生将来，实有莫大的希望。

再者，诸君在国外有数十同国的学生，时相晤聚，甚为难得。无论所学科目不同，所居地位不同，或所操言语不同，要之大家须彼此爱护。有从国外来，不能说国语的，国内来的同学，可以帮助他们。互相亲爱，互相原谅。这也是很祷祝的一件事。

1921年

导读 蔡元培认为，教育必须保有独立的资格，不可受各派政党或各派教会的影响，大学的事物，都应由教授组成的委员会主持，大学校长也应由委员会推选。

教育独立议

　　教育是帮助被教育的人，给他能发展自己的能力，完成他的人格，于人类文化上能尽一分子的责任；不是把被教育的人，造成一种特别器具，给抱有他种目的的人去应用的。所以，教育事业当完全交与教育家，保有独立的资格，毫不受各派政党或各派教会的影响。

　　教育是要个性与群性平均发达的。政党是要制造一种特别的群性，抹杀个性。例如，鼓励人民亲善某国，仇视某国；或用甲民族的文化，去同化乙民族。今日的政党，往往有此等政策，若参入教育，便是大害。教育是求远效的；政党的政策是求近功的。中国古书说："一年之计树谷；十年之计树木；百年之计树人。"可见教育的成效，不是一时能达到的。政党不能掌握政权，往往不出数年，便要更迭。若把教育权也交与政党，两党更迭的时候，教育方针也要跟着改变，教育就没有成效了。所以，教育事业不可不超然于各派政党以外。

　　教育是进步的：凡有学术，总是后胜于前，因为后人凭着前人的成绩，更加一番工夫，自然更进一步。教会是保守的：无论什么样尊重科学，一到《圣经》的成语，便绝对不许批评，便是加了一个限制。教育是公同的：英国的学生，可以读阿拉伯人所作的文学，印度的学生，可以用德国人所造的仪器，都没有什么界限。教会是差别的：基督教与回教不同；回教又与佛教不同。不但这样，基督教里面，天主教与耶稣教又不同。不但这样，耶稣教里面，又有长老会、浸礼会、美以美会等等派别的不同。彼此谁真谁伪，永远没有定论，只好让成年的人自由选择。所以各国宪法中，都有"信仰自由"一条。若是把教育权交与教会，便恐不能绝对自由。所以，教育事业不可不超然于各派教会以外。

但是，什么样可以实行超然的教育呢？鄙人拟一个办法如下。

分全国为若干大学区，每区立一大学；凡中等以上各种专门学术，都可以设在大学里面，一区以内的中小学校教育，与学校以外的社会教育，如通信教授、演讲团、体育会、图书馆、博物院、音乐、演剧、影戏……与其他成年教育、盲哑教育，等等，都由大学办理。

大学的事务，都由大学教授所组织的教育委员会主持。大学校长，也由委员会举出。

由各大学校长，组织高等教育会议，办理各大学区互相关系的事务。

教育部，专办理高等教育会议所议决事务之有关系于中央政府者，及其他全国教育统计与报告等事，不得干涉各大学区事务。教育总长必经高等教育会议承认，不受政党内阁更迭的影响。

大学中不必设神学科，但于哲学科中设宗教史、比较宗教学等。

各学校中，均不得有宣传教义的课程，不得举行祈祷式。

以传教为业的人，不必参与教育事业。

各区教育经费，都从本区中抽税充用。较为贫乏的区，经高等教育会议议决后，得由中央政府拨国家税补助。

大学可包括各种专门学术，不必如法、德等国别设高等专门学校，用美国制。

大学兼任社会教育，用美国制。

大学校长，由教授公举，用德国制。

　　大学不设神学科，学校不得宣传教义与教士不得参与教育，均用法国制。瑞士亦已提议。

　　抽教育税，用美国制。

1922年

导读 撰写此文，蔡元培旨在希望新式的教育在德育、智育、体育三育之外，应将美育与三育并重。本文开头所提的李石岑先生是民国时期著名的哲学家和心理学家，曾任商务印书馆出版的《教育杂志》主编。

美育实施的方法

我国初办新式教育的时候，只提出体育、智育、德育三条件，称为三育。十年来，渐渐地提到美育，现在教育界已经公认了。李石岑先生要求我说说"美育实施的方法"，我把我个人的意见写在下面。

照现在教育状况，可分为三个范围：一、家庭教育；二、学校教育；三、社会教育。我们所说的美育，当然也有这三方面。

我们要作彻底的教育，就要着眼最早的一步。虽不能溢出范围，推到优生学，但至少也要从胎教起点。我从不信家庭有完美教育的可能性，照我的理想，要从公立的胎教院与育婴院着手。

公立胎教院是给孕妇住的，要设在风景佳胜的地方，不为都市中混浊的空气、纷扰的习惯所沾染。建筑的形式要匀称，要玲珑，用本地旧派，略参希腊或文艺中兴时代的气味。凡埃及的高压式，峨特的偏激派，都要避去。四面都是庭园，有广场，可以散步，可以作轻便的运动，可以赏月观星。园中杂莳花木，使四时均有雅丽之花叶，可以悦目。选毛羽秀丽、鸣声谐雅的动物，散布花木间；须避去用索系猴、用笼装鸟的习惯。引水成泉，勿作激流。汇水成池，蓄美观活泼的鱼。室内糊壁的纸、铺地的毡，都要选恬静的颜色、疏秀的花纹。应用与陈列的器具，要轻便雅致，不取笨重或过于琐巧的。一室中要自成系统，不可混乱。陈列雕刻、图画，都取优美一派；应有健全体格的裸体像与裸体画。凡有粗犷、猥亵、悲惨、怪诞等品，即使描写个性，大有价值，这里都不好加入。过度激刺的色彩，也要避去。备阅览的文字，要乐观的、和平的；凡是描写社会黑暗方面、个人神经异常的，要避去。每日可有音乐，选取的标准，与图画一样，激刺太甚的、卑靡的，都不取。总之，各种要孕妇完全在乎和活泼的空气里面，才没有不好的影响传到胎儿。这是胎儿的美育。

孕妇产儿以后，就迁到公共育婴院，第一年是母亲自己抚养的；第二、第三年，如母亲要去担任她的专业，就可把婴儿交给保姆。育婴院的建筑，与胎教院大略相同，或可联合一处。其中陈列的雕刻图画，可多选裸体的康健儿童，备种种动静的姿势；隔几日，可更换一套。音乐，选简单静细的。院内成人的言语与动作，都要有适当的音调态度，可以作儿童的模范。就是衣饰，也要有一种优美的表示。

在这些公立机关未成立以前，若能在家庭里面，按照上列的条件小心布置，也可承认为家庭美育。

儿童满了三岁，要进幼稚园了。幼稚园是家庭教育与学校教育的过渡机关，那时候儿童的美感，不但被动的领受，并且自动的表示了。舞蹈、唱歌、手工，都是美育的专课。就是教他计算、说话，也要从排列上、音调上迎合他们的美感，不可用枯燥的算法与语法。

儿童满了六岁，就进小学校，此后十一二年，都是普通教育时期，专属美育的课程，是音乐、图画、运动、文学等。到中学时代，他们自主力渐强，表现个性的冲动渐渐发展，选取的文字、美术，可以复杂一点。悲壮、滑稽的著作，都可应用了。

但是美育的范围，并不限于这几个科目，凡是学校所有的课程，都没有与美育无关的。例如数学，仿佛是枯燥不过的了；但是美术上的比例、节奏，全是数的关系，截金术是最显的例。数学的游戏，可以引起滑稽的美感。几何的形式，是图案术所应用的。理化学似乎机械性了；但是声学与音乐，光学与色彩，密切的很。雄强的美，全是力的表示。美学中有"感情移人"论，把美术品形式都用力来说明他。文学、音乐、图画，都有冷热的异感，可以从热学上引起联想。磁电的吸拒，就是人的爱憎。有许多美术工艺，是用电力制成的。化学实验，常见美丽的光焰；原子、电子的排列法，可以助图案的变化。图画所用的颜料，有许多是化学品。星月的光辉，在天文学上不过映照距离的关系，在文学、图画上便有绝大的魔力。矿物的结晶、闪光与显色，在科学上不过自然的结果，在装饰品便作重要的材料。植物的花叶，在科学上不过生殖与呼吸机关，或供分类的便利；动物的毛羽与声音，在科学上作为保护生命的作用，或雌雄淘汰的结果；在美术、文学上都为美观的材料。地理学上云霞风雪的变态、山岳河海的名胜、文学家美学家的遗迹，历史上文学美术的进化、文学家美术家的轶事，也都是美育的资料。

由普通教育转到专门教育，从此关乎美育的学科，都成为单纯的进行了。爱音乐的进音乐学校，爱建筑、雕刻、图画的进美术学校，爱演剧的进戏剧学校，爱文学的进大学文科，爱别种科学的人就进了别的专科了。但是每一个学校的建筑式、陈列品，都要合乎美育的条件。可以时时举行辩论会、音乐会、成绩展览会、各种纪念会等，都可以利用他来行普及的美育。

学生不是常在学校的，又有许多已离学校的人，不能不给他们一种美育的机会；所以又要有社会的美育。

社会美育，从专设的机关起：

（一）美术馆，搜罗各种美术品，分类陈列。于一类中，又可依时代为次。以原本为主，但别处所藏的图画，最著名的，也用名手的摹本。别处所藏的雕刻，也可用摹造品。须有精印的目录，插入最重要品的摄影。每日定时开馆。能不收入门券费最善，必不得已，每星期日或节日必须免费。

（二）美术展览会，须有一定的建筑，每年举行几次，如春季展览、秋季展览等。专征集现代美术家作品，或限于本国，或兼征他国的。所征不胜陈列，组织审查委员选定。陈列品可开明价值，在会中出售。余时亦可开特别展览会，或专陈一家作品，或专陈一派作品。也有借他国美术馆或私人所藏展览的。

（三）音乐会，可设一定的会场，定期演奏。在夏季也可在公园、广场中演奏。

（四）剧院，可将歌舞剧、科白剧分设两院，亦可于一院中更番演剧。剧本必须出文学家手笔，演员必须受过专门教育。剧院营业，如不敷开支，应用公款补助。

（五）影戏馆，演片须经审查，凡无聊的滑稽剧、凶险的侦探案、卑猥的恋爱剧都去掉。单演风景片与文学家作品。

（六）历史博物馆，所收藏大半是美术品，可以看出美术进化的痕迹。

（七）古物学陈列所，所收藏的大半是古代的美术品，可以考见美术的起源。

（八）人类学博物馆，所收藏的不全是美术品，或者有很丑恶的，但可以比较各民族的美术，或是性质不同，或是程度不同。无论如何幼稚的民族，总有几种惊人的美术品。又往往不相交通的民族，有同性质的作品。很可以促进美术的进步。

（九）博物学陈列所与植物园、动物园，这固然不专为美育而设，但矿物的标本与动植物的化石，或色彩绚烂，或结构精致，或形状奇伟，很可以引起美感。若种种生活的动植物，值得赏鉴，更不待言了。

在这种特别设备以外，又要有一种普遍的设备，就是地方的美化。若只有特别的设备，平常接触耳目的，还是些卑丑的形状，美育就不完全；所以不可不谋地方的美化。

地方的美化：第一是道路。欧洲都市最广的道路，两旁为人行道，其次公车来往道，又间以种树、艺花，及游人列坐的地方二三列，这自然不能常有的。但每条道路，都要宽平。一地方内各条道路，要有一点匀称的分配。道路交叉的点，必须留一空场，置喷泉、花畦、雕刻品等。

第二是建筑。三间东倒西歪屋，固然起脆薄、贫乏的感想；三四层匣子重叠式的洋房，也可起板滞、粗俗的感想。若把这两者并合在一处，真异常难受了。欧美海滨或山坳的别墅团体，大半是一层楼，适敷小家庭居住，二层的已经很少，再高是没有的。四面都是花园，疏疏落落，分开看各有各的意匠，合起来看，合成一个系统。现在各国都有"花园城"的运动，他们的建筑也大概如此。我们的城市改革很难，组织新村的人，不可不注意呵！

第三是公园。公园有两种：一种是有围墙、有门，如北京中央公园，上海黄浦滩外国公园的样子。里面人工的设备多一点，进去有一点制限。还有一种，是并无严格的范围，以自然美为主，最要的是一大片林木，中开无数通路可以散步。有几大片草地可以运动。有一道河流，或汇成小湖，可以行小舟。建筑品不很多，游人可自由出入。在巴黎、柏林等，地价非常昂贵，但是这一类大公园，都有好几所永远留着。

第四是名胜的布置。瑞士有世界花园的称号，固然是风景很好，也是他们的保护点缀很适宜，交通很便利，所以能吸引游人。美国有好几所国家公园，地面很大，完全由国家保护，不能由私人随意占领，所以能保留他的优点，不受损坏。我们国内，名胜很多，但如黄山等，交通不便，颇难游赏。交通较便的如西湖等，又漫无限制，听无知的人造了许多拙劣的洋房，把自然美缀了许多污点，真是可惜。

第五是古迹的保存。新近的建筑，破坏了很不美观。若是破坏的古迹，转可以引起许多历史上的联想，于不完全中认出美的分子来。所以保存古迹，以不改动他为原则。但有些非加修理不可的，也要不显痕迹，且按着原状的派式。并且留得原状的摄影，记述修理情形同时日，备后人鉴别。

第六是公坟。我们中国人的做坟，可算是混乱极了。贫的是随地权厝，或随地做一个土堆子。富的是为了一个死人，占许多土地。石工墓木，也是千篇一律，一点没有美意。照理智方面观察，人既死了，应交医生解剖，若是于后来生理上病理上可备参考的，不妨保存起来。否则血肉可作肥料，骨骼可供雕刻品，也算得是废物利用了。但是人类行为，还有感情方面的吸力，生人对于死人，决不肯把他哀感所托的尸体，简单地处置了。若是照我们南方各省，满山是坟，不但太不经济，也是破坏自然美的一端。现在不如先仿西洋的办法，他们的公坟有两种：一是土葬的，如上海三马路，北京崇文门，都有西洋的公坟。他是画一块地，用墙围着，布置一点林木。要葬的可以指区购定。墓旁有花草，墓上的石碑有花纹、有铭词，各具意匠，也可窥见一时美术的风尚。还有一种是火葬，他们用很庄严的建筑，安置电力焚尸炉。既焚以后，把骨灰聚起来，装在古雅的瓶里，安置在精美石坊的方孔中。所占的地位，比土葬减少，坟园的布置，也很华美。这些办法都比我们的随地乱葬好，我们不妨先采用。

我说美育，一直从未生以前，说到既死以后，可以休了。中间有错误的、脱漏的，我再修补，尤希望读的人替我纠正。

1922年

导读 本文是蔡元培在春晖中学的演说词。春晖中学创办于五四时期，由现代著名教育家经亨颐先生得到陈春澜先生的资助而创办，早期的春晖中学由于经亨颐的努力，云集了夏丏尊、朱自清、朱光潜、丰子恺等著名学者、作家。

在上虞县春晖中学的演说词

兄弟在北京时，经校长时常和我谈起春晖中学的情形，原早想来看看。此次回到故乡，又承五中沈校长邀同来此，今日得和诸位相会。非常欢喜。到了这里，觉得一切都好，所可说的只有羡慕诸君的话。我所羡慕诸君的有三：一是羡慕诸君有中学校可入；二是羡慕诸君所入的中学校是个私人创立的学校；三是羡慕诸君所入的学校有这样的好环境。

中学时代，是人生中最重要的一段。一切身体上、精神上、知识上的基础，都在这时代中学成。就身体上说，我们在这时候，正在发育时期。要想将来有健全的身体去担当社会事业，就非在这时候受正当的体育不可。就知识上说，凡是学问都不是独立的，譬如我想研究化学，就非知道数学、生物学、物理学等不可，如不在这时候修得普通知识，受到普通教育，将来就不能研求正当的学问。这时期无论在何种方面来看，都是重要关头，如果不让他好好地正当地经过，就要终身受亏。回想我从前和诸君一样年纪的时候，要求入中学而不可得，因为那时候还没有这样的一种机关。虽然读书，也无非延师教读，在家念点经书，作点当时通行的八股文，而已，到了现在，身体不好，不能担当什么大事，虽想研究一种学问，可是根底没有，很觉得困难。譬如我想研究哲学，或是什么学科，但因没有数学、生物学、化学等的知识，就无从着手，要想一一重新学习呢，年龄已大，来不及了。这是我所常常自恨的。

中学一面继续着小学，一面又接着高等教育。诸君在小学时，大概都还不过是因了兴味而学习种种事情，对于各种，所得的不过是大约的概括的头绪，并未曾得着过分析的知识的。中学的功课比之小学，较为分析的，将来到了专门大学，那分析将更精细。诸君已入中学，较在小学已更进一境，小学虽不过因了兴味来学习种种，在中学校，却不能只凭兴味，比之在小学时，要用点苦功下去，要格外精细地研究了。至于毕业后，或就去任社会事务，或去升入专门，各有各的一条路，分析将又细密，用力自然将又加多。但只要这时打好了根底，那时也就没有什么困难了。最重要的就是现在。关于各科，要好好地用功；身体要好好地当心，不要把他错过。这时代留意一分，终身就享受一分的利益，自己弄坏一分，终身就难免一分的吃亏。我回想到自己当时不得受中等教育，至今吃了不少的亏，所以对于今日在座的诸位，觉得很是羡慕。诸君生当现在，有中学可入，真是幸福。

现在中学已多，有官立的、有私立的。诸君所入的中学，却是一个个人创立的学校，尤为难得。这春晖中学是已故陈春澜先生独立出资创设的。他何以要出了许多私财来创立这个春晖中学呢？他虽有钱，如果不拿出来办这个学校，试问谁能强迫他，说他不是？可知他的出钱办学，完全出于自己的本心。他因为有感于自己幼时，未曾得到求学的机会，有了钱就出钱办学，使大家可以来此求学，这一层已很足使我们感动了。我们要怎样地用功，才不致辜负他这片苦心？春澜先生出钱办学时，想来总希望得着许多善良的学生，决不愿有坏学生的，我们要怎样地努力做好学生，才不至违反他的希望。我们人类，在生物中，无角无爪，很是柔弱，而能发达生存者，全在彼此互助；只顾一人，是断不能生存的。自己要人家帮助，同时也须帮助人家。譬如有能做工的，就应去帮助人家做工；有能医病的，就应去帮助人家医病。这样大家彼此互助，世界上的事情才弄得好。春澜先生出了这许多钱来办这个学校，于他自己是丝毫没有利益的，虽用了"春晖"二字做校名，他老先生死了，还自己晓得什么。他的出钱办学，无非要为帮助我们求学，他这样帮助了我们，我们将怎样地学他去帮助别人呢？这校的历史，种种都可以鼓舞我们，勉励我们。诸君得在此求学，比在别校更容易引起好的感想，更多自振的机会，这也是可羡慕的一件事。

春澜先生出钱办学，不办在都会，而办在这风景很好的清静的白马湖，这尤足令人快意。凡人行事，虽出于自己，但环境也是支配人的行为。人受环境影响，实是很大。孟母三迁，就是为此。譬如我们，如果置身于争权夺利的人群中，不久看惯了，也就会争权夺利起来，不以为耻了。此地白马湖四周没有坏的事情来诱惑我们，于修养最宜。风景的好，又是城市中人所难得目睹的，空气清爽，不比都会的烟尘熏蒸。这里所有的东西，在都市里都是难得办到的，或不能办到的。在都市的学校，要觅一个运动场不可得，而此地却有很宽大的运动场，并且要扩充也容易。都市中人要化（花）许多旅费才能领略的山水，而诸君却可朝夕赏玩，游钓任意。诸君要研究生物，标本随时随处可得；要研究地理，随处都是材料；天上的星辰，空中的飞鸟，无一不是供给诸君实际上的知识。此地的环境，可以使得诸君于品格上、身体上、知识上得着无限的利益，我很羡慕。

又，人生在世，所要的不但是知识，还要求情的满足。知识的能力，足以征服自然，现在的电灯，较古时的油灯进步；现在的飞机、轮船、火车，较古时的舟车进步。古人虽有很好的心思，但因为被偏见所迷，以为异国人或异种人是可以杀的，或是可以食的，遂有种种残忍不道的危险。现在知识进步，已逐渐把这种偏见除去了许多了。知识上的进步，可以使人得着安全的生活，现在一切穿的、吃的、用的，都好于从前，一切都比从前危险少而利益多。某事怎么去做才便利，怎么去想法子才安全，这都是从知识上计较打算来的。知识的进步，正无限量，将来还不知道有怎样安全快乐便利的生活可得哩！可是人类于知识以外，还有情的要求。世间尽有许多人们，物质的生活虽已安全舒服，心里还觉得有许多不满意的。一个人虽不能全没有计较打算，但有的却情愿做和计较打算无关系的事，不如此，就觉得不快，这就是爱美的情。人有爱美的情，原是自然而然的。野蛮人拾了海边的贝壳，编串为各种的式样，挂在身上，或于食了动物以后，更在其骨上雕刻种种花样，视以为乐。乡间农人每逢新年，欢喜买几张花纸贴在壁上，有的或将香烟里的小画片粘贴起来。这在我们看去，或以为不好看，但在他们，却以为是很美的。又如有人听唱戏，学了歌，便喜欢仰天唱唱，或是弄弄什么乐器，这都是人类爱美的心情的流露，也可以说是人与动物不同的地方。其实动物中有许多已有爱美的表现，如鸟类已有美音和美羽。美的东西，虽饥不可以为食，寒不可以为衣，可是却省不来。人如终日在计较打算之中，那便无味。求美也和求知识一样，同是要事。古来伦理学者中有许多人将人生的目的，完全放在"快乐"二字上面，以为人生的目的，无非在快乐。这虽一偏之见，但快乐很是要事，物质的快乐，有时还不能使人满意，最要紧的就是情的满足。人如果只为生存，只计较打算利益，其实世间没有不可做的事。可是在有一种人，自己所不愿的事，无论怎样有利于己，总不肯做；自己所愿做的事，无论如何于物质的生活上有害，还是要做，甚至于牺牲生命，也所不惜。这就是所谓高尚。高尚也是一种美。我们人类不愿做丑事，愿做美事，就是天性爱美的缘故。若只为生存，还有什么事不可做呢？人不能绝对地不顾自己，但也不能绝对地只求利己，有时还要离了浅薄的自利主义，为别人牺牲自己的一部分或是全体，才能自己满足。譬如陈春澜先生出资办学，就是牺牲行为之一，他并不知后来在校求学的是哪一个，于自己有何利益，却肯出资办学，这就是高尚的美行，我们应该学他的。那么我们怎样才会能牺牲自己呢？我们做人，最要紧的是于一日之中，有一种时候不把计较打算放在心里，久而久之，自然有时会发出美的行为来，不觉而能牺牲了。用了计较打算的态度去看一切，一切都无美可得。譬如田间的麦，有人以为粉可充饥，秆可编物、燃火，有人离了这种见解，只赏玩他的叫做"麦浪"的一种随风的波动。又如有人见了山上的植物，以为果可做食品，根可做什么药的，有人却只爱它花的色样或枝叶的风趣。又如有人在白马湖居住了，钓鱼来吃，斫柴来烧，有人却从远远的城市，花了许多钱跑来看看风景，除此外无所求。这两者看法不同，前者是计较打算的，后者是美的。人能日常除去计较打算，才会渐渐地美起来。

美有自然美、人造美两种，山水风景属于自然美，绘画音乐等属于人造美。人造美随处可作，不限地方，如绘画、音乐在城市也可赏鉴的。至于自然，却限于一定的地方才可领略，人在稠密的城市中，难得有自然美，所以住在城市的人，家家都喜欢挂山水画，他们四面找不出好风景，所以只好在画中看看罢了。诸君现在处在这样好的风景之中，真是难得的好机会，我很羡慕。诸位将来出去到社会上任事的时候，我想必定要回想到白马湖的风景，因为那时必无这样的好山好水给诸君领略了。在这几年中，务必好好地领略，才不辜负了这样的好地方。

以上是我对于诸君所羡慕的三桩事。如前所说，中学时代是终身中关系最重的一段，诸君既入了中学，身体、知识都要趁现在注意留心。这校的历史，足以使诸君发生至好的感想，宜格外自励，不可错过机会。此地有这样的好风景，是别处所不易得的，趁现在有机会要请诸君好好地领略。最要紧的就是现在了。

1923年

导读 这是一篇详细论述中国教育发展过程的综述性文章，概括地叙述了中国在自然科学研究方面的兴趣的发展。

中国教育的发展

要研究中国教育的发展，首先，有必要对早期的历史作些回顾。早在远古时代，中国的圣哲贤君就非常关心教育问题。他们在治理国家、造福人群的过程中，由于碰到了种种困难，才逐步认识到要使国家达到大治，必须把注意力移向有利于国家前途的教育问题上。

教育问题是舜迫切关心的一个问题。据史家记载，他是有史以来第一个任命一位"司徒"，在最基本的人与人之间的关系方面进行教育的圣人。在教会人们耕作收获、教会他们种植五谷以后，舜命令契教导人们"父子有亲，君臣有义，夫妇有别，长幼有序，朋友有信"。这是孟子在舜死后两千年记录下来的。虽然这句话的根据无可稽考，但是这一史料，仍具有重要的价值，因为它是古典文献中关于我国远古时代教育的最早论述。我们从《书经》中还可以获知另一个史实，它可以使我们进一步了解古代教育的发展。据《尧典》记载，舜说："夔，命汝典乐教胄子，直而温，宽而栗，刚而无虐，简而无傲。"显而易见，他认为"乐"在调谐年轻人的感情方面是颇有益处的，它是一种陶冶性情的训练。这看来是一种必然的发展。其时间远在公元前二十三世纪。当时，教育的主要课题，一方面是强调道德义务；另一方面是培养人们种种善良正直的习性。这就是：为做一个良好的人而进行道德教育，为做一个有德性的人而进行社会教育。这两种思想互相融汇，目的在于建立一种和谐的社会关系。我国古代教育家为此而孜孜努力，实际上也实现了这一目标。

往后（公元前十二世纪），产生了更多的学科。一系列学说开始付诸实施，它包括为贵族阶级规定三德、三行、六艺、六经和尊卑次序；为平民规定六德、六行及六艺。我国古代教育家的教育方法，在某些方面同中国现代从西方各国引进的那些方法极为相似。具体地说，古时人们所谓的道德教育实际上就是现代学校课程中的伦理学，而六艺（即礼、乐、射、御、书、数）中的射、御，相当于我们现在的体育。与道德教育和体育有密切联系的是算术。这就形成了我们今天所称的抽象思维的训练和智力的训练。礼仪的教学于今被认为是一种介乎道德教育与智力训练范围之间的科目。以我们现代的观点来衡量，或从这种教育本身对人的身心和谐予以全力关注这一点来衡量，这个时期（从公元前二十三世纪到孟子的时代），可以认为是一个在教育上取得显著成就的时期。其中，更重大的发展，乃是陈旧的教育机构的衰亡，代之而兴起的，是更大规模的叫做"成均"的大型学院机构。我们对此应该给予充分的评价，它的意义在于创立了现代由国家资助的高等教育机构的雏形。

大约在公元前六世纪左右，我国一些相当于古希腊学院的私学，成为教育界突出的、有影响的组成部分。在这个时期的诸子百家中，开始出现两大显学，这两派的形成是具有重大意义的事情，他们对于各种问题各自作出不同的解释。一方面是孔子以四科，即德行、言语、政事、文学，教导中国；而另一方面则是墨子在策略方面教导中国，他传授一种具有逻辑性的、形象化的辩证的工作方法。虽然如此，墨子对于政治与道德教育的强调仍不亚于孔子。最奇怪的是，在墨子的学说中，还涉及光学和力学，而这些同现代科学竟息息相关。在墨子的著作中，确实提到过物理学与化学，可惜这个天才遭受的是孤军奋战的命运。如果墨子对于科学的伟大思想，不是由于缺乏他同时代的人的支持而停滞不前的话，那么，中国的面貌可能是迥然不同了。

上面所提到的障碍，无疑是由于被混杂着巫术的儒学占了优势地位。巫术者在与墨子学说的斗争中，代表了儒家的传统教义。他们认为万物有灵，对一切社会现象和自然现象，采取神秘的解释，把它们归结为阴、阳两种形式的变化，认为一切事物由五行（即水、木、金、火、土）组成。他们由于受到所掌握的材料的局限，因而在认识上受到严重的限制。而且，更不幸的是，神学化了的儒学，当时无论在官学或在私学中，都占了上风。

公元一世纪时，由于印度哲学开始传入我国，因而在教育方面出现了显著的、极为重要的哲学变化。印度哲学发现自身与老、庄学说相吻合，因此，出现了这三者合流的发展趋势。甚至儒家的学者们，也把他们的道德行为观念和政治观念退到次要的地位，从而兴起了玄学。在公元五世纪，建立了宣传玄学的机构。到公元八世纪，儒学又一次在教育界占支配地位，特别是"四科"再次成为教学原则的具体内容。于是，由印度哲学引起的、历时几百年的扩大知识领域的状况渐渐衰落。从那时起直到十九世纪，学校只采用儒家经典作为教科书，附加一些论述玄学的著作。整整四千年的中国教育，除了有过科学的萌芽以及玄学曾成功地站住过脚以外，可以说，在实际上丝毫没有受到任何外来的影响，它仅仅发生了由简单到复杂的变化。

以上主要是谈了一些古代中国教育的发展，仅限于东方思想范围。我们还必须把我国的教育发展同英国的教育发展作一比较。它们都有令人称道的合理地安排体育与智育的共同思想，都有使学习系统化的共同意向。在礼仪教育方面，我们发现两国的教育，对所谓"礼貌"，都同样采取鼓励的态度。在我国的射、御与英国的竞技精神之间，我们也能发现某些共同点。无论是中国的教育，还是英国的教育，目的都在于塑造人的个性及品质。在这方面，双方对于什么是教育的认识是非常接近的。性格与学业，就孔子的解释而言，应达到和谐一致，而这一点与英国教育所主张的并无差异。

儒家提出"君子"作为教育的理想，要求每一个受教育者都要达到这个目标。这与英国的"绅士"教育完全相同。我们阅读儒家经典，经常见到"君子"这个词。对于这个词，如同英语中"绅士"一词一样，我们发现同样难于领会这个词所体现的丰富而深刻的含义。为了对"君子"一词的含义有所了解，现在就让我们随意听听儒家的一些代表人物及孔子本人的言论。孔子的门徒之一、哲学家曾参曾对孟敬子说："君子所贵乎道者三：动容貌，斯远暴慢矣；正颜色，斯近信矣；出辞气，斯远鄙倍矣。"其他一些人认为君子应该"正其衣冠，尊其瞻视"。随后，他就能矜而不骄，严而不暴。这是中国关于君子仪态的言论，同样也是英国教育家强调宣传的观点。至于说到君子的性情气质，我们发现欣赏正直是一个基本的特点。君子"礼以行之，仁以出之，信以成之"。因此，"君子尊贤而容众，嘉善而矜不能"。至于君子本身，我们发现有这些特点，"知者不惑，仁者不忧，勇者不惧"。怎样才能成为君子呢？"文质彬彬，然后君子"。至于说到道德力量，中国教育家鼓励那些人，"可以托六尺之孤，可以寄百里之命，临大节而不可夺也"，成为君子。"君子和而不同"，"人之生也直"。这是君子的力量与信心。上述这些是实现君子行为的正面例子。反之，对于"乡愿"或"贵胄"则予以强烈的警告与斥责，就如西方国家对伪君子的尖锐抨击一样。这种培养君子的教育，无疑同英国教育相同，在中国教育的发展史上具有同等重要的意义。

　　以上是英国与中国教育观念的相同之处。下面我们再看看它们的不同点，我们发现有两点不同之处。产生不同点的最显著原因在于下面的事实：一个英国人，当他还在襁褓之中，以及在他后来的成长过程中，就受到某种宗教观念的哺育，逐步形成了他的信仰，而这种信仰是他日后生活的指南。而在中国，除了在极其例外的情况下，父母一般不干涉他们子女接受某种宗教，因此他们的子女有权维护自己的信仰自由。但是社会舆论还是表达了对宗教的赞助。第二，我们看到了英国科学教学设备的优异，也看到了我国这方面的短缺。前一点在现时关系不大。关于后一点，我们应当表示这种愿望：我们的教育应该前进，应该使科学教育得到更大的发展。在英国，不仅大学的实验室有很好的设备，而且在科研团体中，也都有良好的设备。英国有四个直属于教育部的国立博物馆，这些博物馆收藏有各种珍品及独特的标本。因而，在英国有这样一种科学气氛，虽则科学家们必须担负开拓科学领域的重任，但他们的工作受到公众的赞赏与分担，因为公众已认识到科学的重要性及其深远的意义。哲学家、思想家及作家们也同样承认他们对科学应尽的职责，因而不必去冒险凭空建立他们的学说。而中国在这方面却没有什么可与相比。在你们南肯辛顿的科学博物馆及自然历史博物馆中，既有理想设计的蓝图，也有具体成就的实例。人们可以看到这一切一直在对教育施加着很大的影响。但是，在中国，我们的教育至少两千年来没有面向更高的科学教育，而却是用完美的品质去塑造人，赋予他一种文学素养而已。

尽管从公元十三世纪以来，我们在与西方接触的过程中，学到了一些自然科学知识（不包括它的消极因素），但是，在好几个世纪以后，才随着基督教的传入而带来了亚里士多德的逻辑知识，欧氏①几何学以及其他应用科学知识。直到近半个世纪，中国才从事教育改革，而且还只限于自然科学的教育改革。中国现在认识到，只有新兴的一代能受到新型的教育，古老的文明才能获得新生。中国教育改革的第一步要达到的，是建立大学与专科学校，这一点已经实现了。一八六五年在上海建立了以科学技术为基础的江南制造局，这个局发展到今天，已占地广阔，规模宏大。接着是一八六七年仿照欧洲学院的形式建立了最早的机械学校。此后，在我们发展教育的早期努力中，技术科学的学校和学院，始终处于领先地位，其他性质的学校也随之纷纷建立。一八六七年建立了马尾船政学堂；一八七六年建立了电报学堂；一八八〇年建立了水师学堂；北洋大学（一八八九年）、南洋公学（一八九七年）以及京师大学堂（一八九八年）等学校也相继建立。另一方面，我们派遣一批青年学生到英国、法国及德国留学，学习造船、工程及其他学科。作为西学东渐的传播者，他们的学习是卓有成效的。但是只有为数有限的、并经过遴选的学生，才能享受出国留学的权利，即使对他们来说，我们还是没有能够提供足够的学校，使他们在出国前做好充分的准备。上述这些学校，尽管它们本身很有价值，但还是无法解决这个问题。我们的困难就在于目前学校不足。比派遣留学生和建立学校更为重要的是，必须纠正某些不足之处。由于学校设施的缺乏，许多学生便进入教会学校。在那里，他们可以学到一门外语，并能学到应用科学和理论科学的基础知识。为此，我们对这些学校深致敬佩。然而，政府在打算以其他同等的或更高水平的学校来取代教会学校方面，并不甘心落后。教育工作者们在一些会议上，建议向国立学校提供设备，政府在采纳这些建议的基础上，于一九〇二年颁布了一项规章，自那时以来，教会学校的学生数额便逐渐下降。到一九一〇年，据统计，在十四所英、美教会学校中的学生只有一千多名，而仅在国立北京大学一所学校中，就有学生二千三百多名。当然，这主要由于新创建的中国国立学校向他们敞开了大门，但教会学校本身也存在着某些明显的缺点，例如，轻视中国的历史、文学和其他一些学科，等等。众所周知，每当建立一所教会学校，就要宣传某种宗教教义，它造成了新的影响，产生了新的作用，从而与中国的教育传统相抵触。关于这方面，要说的话是很多的。总之，现在有迹象表明，沿着我们自己的教育发展方向的某种趋势正在逐步加强。

以上我概括地叙述了中国在自然科学研究方面的兴趣的发展，以及对理论科学教育和应用科学教育加以扩展的迫切需要，这是颇有意义的。近二三十年来，在我们全国的科学研究中，萌发了一种新的精神。现在，几乎每一所学校都拥有一些同欧洲从事科研工作的学校所拥有的相同的仪器设备，并且还拥有实验室。在每一所实验室，我们都可以看见师生们一起研究科学，诸如物理、化学、生物，等等。特别是我们的大学，它们为科学教育的发展，为科学应用的发展尽了最大的力量，贡献出了最大的能力，并且在此过程中，表示出希望中国在不久的将来，通过科学的发现与工业的发展，对当代世界文化作出新的贡献。但是它们的努力迄今尚未成功。虽然我们无疑地认识到科学探索的价值，认识到它对中国的物质、文化进步来说，是最重要的因素之一，可是，科学精神对我们的影响究竟有多深，科学精神在现实中究竟有多少体现，这还是有问题的。坦率地说，这纯粹是由于我们没有对从事科研的人在设备的维修、应用和经费方面提供种种方便；是由于那些在国外受到科学技术教育的人回国后，很少有机会来继续他们的研究。因此，我国教育家计划仿照南肯辛顿的科学博物馆和自然历史博物馆的方式，创办一所大规模的研究院。该院将由两个部门组成：一个部门收藏科学仪器、设备、各种图表、模型和机械，用以展示物理、化学及其他自然科学的不同的发展阶段和阐述工艺的发展演变过程。另一部门将展出动物及所有其他自然历史的标本，说明它们之间的原始关系，展出微生物及各类动植物标本，逐渐导致到人类学。创办这样一所研究院所必需的经费，据估计为一千万英镑，地点设在南京或北京。但是，目前我们的教育工作者所面临的是，全国普遍感到财政资金短缺，在这种情况下，要中国实现这个计划，看来是有困难的。然而，我们深信其他大国将会采取同中国在科学事业上合作的方式，在某种程度上给予帮助。英国方面，将要退还庚子赔款，我们认为这是一种慷慨、善意的举动。早在一九二二年，英国政府就在口头上通知中国政府。自从那时以来，各国政府也对此日益关心。现在看来，为了纪念中英之间的友谊，应当把退还的庚子赔款用于一种永恒的形式，这是中国教育家经过深思熟虑的意见。它应该被用于创办这所大型的研究院。我们现在完全可以预期，这个研究院将不仅担负进行高等教育、鼓励科学发展的任务，而且还将成为资料与研究的中心。这是全体中国人民特别是教育工作者们在退还庚款问题上的普遍愿望。

在中国的教育发展中，可能还存在着其他的倾向，但是，最重要、最切望的乃是需要建立一所新的科学研究中心，这是需要特别加以强调的。上面概括的，只是我国教育改革的总的发展情况，而不是它的详细情况，尽管每个细节可能是令人感兴趣的，但这里不再详述了。

1924年

▌导读▐　　本文用作者所在高校北京大学的相关情况作为他提出本文论点的论据，作者提出最早奏效的改革，是在废除经科，使包含文、理、医、农、工、法等科目的现代大学成立之后。

中国现代大学观念及教育趋向

在古代中国，文明之根一直没有停止过它的生长，尽管关于这方面的历史记载极少。进行高等教育的机构早在两千年前就出现了，那时称之为"太学"。随后，又从这一初步形式，逐步演变为一种称之为"国子监"的教育制度。它包括伦理教育、政治与文学教育。现在看来，这是必然的发展，并且随着这一发展而增设了包括写与算等更多的学科。但增设的这些科目，在钦定的学校课程中，是无足轻重的。数百年来，教育的目的只有一项，即对人们进行实践能力的训练，使他们能承担政府所急需的工作。总之，古代中国只有一种教育形式，因此，其质与量不能估计过高。

晚清时期，东方出现了急剧的变化。为了维护其社会生存，不得不对教育进行变革。当时摆在我们面前的问题，是要仿效欧洲的形式，建立自己的大学。当这些大学建立了起来并有了良好的管理以后，就成为一支具有我们自己传统教学方法的蓬蓬勃勃的令人称誉的力量。初时的大学，也曾设置了与西方大学的神学科相应的独立的经科。这些大学推行的总方针，还是为了要产生一个于政府有用、能尽忠职守的群体。

随着一九一一年民国的成立，它把政府的控制权移到了民众手中——在大学内部也体现了这种新的精神。最早奏效的改革，是废除经科，从而使大学具备了成立文、理、医、农、工、法、商等科的可能性。作为上述这项方针的结果，一批大学建立了起来，几乎所有这些大学都完全或基本上贯彻了政府关于教育方面的指示。迄今为止，在北京（首都）有国立北京大学，在天津有北洋大学，在太原有山西大学，在南京有国立东南大学，在湖北有武昌大学，以及在首都还有其他一些大学，所有这些大学，皆直属中央政府，经费由中央政府拨给。最近，几所省立大学也相继宣告成立，其他一些则正在筹建之中。直隶的河北大学、沈阳的东北大学、陕西的西北大学、河南的郑州大学、广州的广东大学以及云南的东陆大学，都有了良好的开端。其他各省也都在积极筹建它们本省的大学。一些以办学有方而著称的私立大学，如天津的南开大学和厦门的厦门大学，也是值得一提的。至于那些已获得政府承认的学院，更是不计其数。尽管这些大学所设系、科各不相同，但都有同样的组织形式。它们的目标，不仅在于培养人们的实际工作能力，还在于培养人们在各种知识领域中作进一步深入研究的能力。

下面请允许我以一所具体的大学，即我非常熟悉的国立北京大学的一些情况来对我所谈的加以印证。

众所周知，这所大学由于她的起源及独特的历史而具备较完善的组织系统。根据目前的发展趋势方向，我们很自然地能预见到未来的进展。但是，这种发展趋势和方向的主要特点究竟是什么呢？对此我想说明如下：也许说明整个问题的最简捷的方法，是回顾一下近几年的改革过程，这些改革对北大的发展是有重大意义的。在一九一二年，曾制定了一项扩充北大所有学科的系科计划，但后来鉴于某些系科，例如医科和农科等，宜于归并到其他一些对此已具有良好设备条件的大学中去，因而放弃了这一计划。在考虑了这些情况以后，北大确认对它最必要的，是设置文、理、工、法等科。就这样，北大以这四科发展到一九一六年，成为教育界有影响的组成部分。接着，为了有利于北洋大学和北京工业专门学校，北大又把工科划了出去，以便与上述两校取得协作。随后，不但在国立北京大学，而且在全国范围都发生了一个巨大的变化，那就是：有着众多系科的旧式"大学"（名符其实的"大"学）体制逐渐衰亡，单科（或少数几科）的大学在更具体的规模上兴起。这个变化的最终结果，现在尚无法预测，但就目前而言，其效果是创立了易受中央和地方政府资助的特殊的大学教育形式。由于这个变化，高等教育机构则可能由几个或仅仅一个系（这里所说的"系"与美国大学的"学院"一词同义）组成。

一九二〇年，北大按旧体制建立的文、理、法科被重新改组为以下五个部：

第一部　数学系，物理系，天文系。

第二部　化学系，地质系，生物系。

第三部　心理系，哲学系，教育系。

第四部　中国语言文学系，英国语言文学系，法国语言文学系，德国语言文学系以及行将设置的其他国家的语言文学系。

第五部　经济系，政治系，法律系，史地系。

其他正在考虑开设的系，将按其性质分别归入以上五个部。

当时之所以有这样的改变，其着眼点乃是现行大学制度急需重新厘订，以便适应国家新的需要。此外，还有如下几点原因。

1. 从理论上讲，某些学科很难按文、理的名称加以明确的划分。要精确地限定任何一门学科的范围，不是一件轻而易举的事。例如，地理就与许多学科有关，可以属于几个系：当它涉及地质矿物学时，可归入理科；当它涉及政治地理学时，又可归入法科。再如生物学，当它涉及化石、动植物的形态结构以及人类的心理状态时，可归入理科；而当我们从神学家的观点来探讨进化论时，则又可把它归入文科。至于对那些研究活动中的事物的科学进行知识范围的划分尤为困难。例如，心理学向来被认为是哲学的一个分支，但是，自从科学家通过实验研究，用自然科学的语言表达了人类心理状况以后，他们又认为心理学应属于理科。摆在我们面前的，还有自然哲学（即物理学）这个专门名词，它可以归入理科；而又由于它的玄学理论，可以归入文科。根据这些情况，我们决定不用"科"这个名称，尽管它在中国曾得到广泛的承认，但我们却对这个名称不满意。

2. 就学生方面来说，如果进入一所各科只开设与其他学科完全分开的、只有本科专业课程的大学，那对他的教育将是不利的。因为这样一来，理科学生势必放弃对哲学与文学的爱好，使他们失去了在这方面的造诣机会。结果他的教育将受到机械论的支配。他最终会产生一种错误的认识，认为客观上的社会存在形式是一回事，而主观上的社会存在形式完全是另一回事，两者截然无关。这将导至（致）自私自利的社会或机械社会的发展。而在另一方面，文科学生因为想回避复杂的事物，就变得讨厌学习物理、化学、生物等科学。这样，他们还没有掌握住哲学的一般概念，就失去了基础，抓不住周围事物的本质，只剩下玄而又玄的观念。因此，我们决心打破存在于从事不同知识领域学习的学生之间的障碍。

3. 现在，我们再看看北大的行政组织。当时的组织系统尽管没有什么人对之有异议，但却存在着很大的问题。内部的不协调，主要在于三个科，每一科有一名学长，唯有他有权管理本科教务，并且只对校长负责。这种组织形式形同专制政府；随着民主精神的高涨，它必然要被改革掉。这一改革，首先是组织了一个由各个教授、讲师联合会组成的更大规模的教授会，由它负责管理各系。同时，从各科中各自选出本系的主任；再从这些主任中选出一名负责所有各系工作的教务长。再由教务长召集各系主任一同合作进行教学管理。至于北大的行政事务，校长有权指定某些教师组成诸如图书委员会、仪器委员会、财政委员会和总务委员会等。每个委员会选出一人任主席，同时，跟教授、讲师组成教授会的方法相同，这些主席组成他们的行政会。该会的执行主席则由校长遴选。他们就这样组成了一个双重的行政管理体制，一方面是教授会；另一方面是行政会。但是，这种组织形式还是不够完善，因为缺少立法机构。因此又召集所有从事教学的人员选出代表，组成评议会。这就是为许多人称道的北京大学"教授治校"制。

如上所说，北大的进步尽管缓慢，但是从晚清至今，这种进步已经是不可逆转的了。这些穷年累月才完成的早期改革，同大学教育的目的与观念有极大的关系。大学教育的目的与观念是明确的，就是要使索然寡味的学习趣味化，激起人们的求知欲望。我们决不把北大仅仅看成是这样一个场所——对学生进行有效的训练，训练他们日后成为工作称职的人。无疑，北大每年是有不少毕业生要从事各项工作的，但是，也还有一些研究生在极其认真地从事高深的研究工作，而且，他们的研究总是及时地受到前辈的鼓励与认可。这里，请允许我说明，北大最近设置了研究生奖学金和其他设施。我们中国自古以来就以宣扬和实践"朴素的生活，高尚的思想"而著称。因此，按照当代学者的看法，这所大学还负有培育及维护一种高标准的个人品德的责任，而这种品德对于做一个好学生以及今后做一个好国民来说，是不可缺少的。

为了对上面所提到的高深研究工作加以鼓励，北大还采取了以下一些措施。

（甲）强调教授及讲师不仅仅是授课，还要不放过一切有利于自己研究的机会，使自己的知识不断更新，保持活力。

（乙）在每一个系，开始了由师生合作进行科学方面及其他方面的研究。

（丙）研究者进行学术讨论有绝对自由，丝毫不受政治、宗教、历史纠纷或传统观念的干扰。即使产生了对立的观点，也应作出正确的判断和合理的说明，避免混战。

为了培养性格、品德，还采取了如下一些措施。

（甲）制定体育教育计划：（1）每年进行各种运动技能比赛。与外界举行比赛和其他的室外比赛，吸引了所有的北大师生，其水准可与西方相比。足球、网球、赛马、游泳、划船等活动同样令人喜爱。（2）可志愿参加某些军训项目，特别是童子军运动正在兴起。

（乙）为培养学生对美术与自然美的鉴赏能力，成立了雕塑研究会和音乐研究会。

（丙）学生们利用课余时间在（为）学校附近的文盲及劳工社会服务，深受公众的赞赏。其中最突出的是在乡村地区开展平民讲习运动和对普通市民开办平民夜校。学生们通过这些活动，极大地促进了自己的身心发展。

当中国的青年一代在思想上接受了新的因素之后，他们对政府与社会问题的态度就变得纷繁复杂了。他们热情奔放地参加一切政治活动，这已在全国各地不同程度地表现出来。这种学生运动虽然是当代所特有的（如巴黎与哈瓦那所报道的那样），但在中国的汉代及明代历史上已早有先例。它只是在近几年中采取了更为激烈的反抗形式而已。学校当局的看法是，如果学生的行为不超出公民身份的范围，如果学生的行为怀有良好的爱国主义信念，那么，学生是无可指责的。学校当局对此应正确判断，不应干预学生运动，也不应把干预学生运动看成是自己对学生的责任。现代的教育已确实把我们的学生从统治者的束缚中解放了出来。总的来说，这场活跃的运动已经在我们年轻一代的思想中灌注了思想、兴趣和为社会服务的真诚愿望，从而赋予他们以创造力和组织力，增强了领导能力，促进了友谊。但是，这也可能使学生本身受害，危及他们已取得的进步。学校当局正是基于这点才以极大的同情与慈爱而保护他们。

上述的概括，可能已足以说明中国大学教育的总的趋向，这是从我在北大任职期间的个人经历中总结出来的。至于中国教育的发展，特别是目前教育的发展，可能还存在其他倾向；即使在北大，这些带有倾向性的改革，不论其是否起了作用，我们认为它还是很不完善的。更确切地说，我们的改革与实验，使我们确信我们的大学目标与观念仍然是很不成熟的。

1925年

导读 这是一篇具有汇报情况性质的文章，在本文中蔡元培对于新教育给予了充分的肯定，他确信新教育已经将中国民众从奴隶束缚的威权中解放出来，这些具有新思想、新观念的青年一代已有了可以改变社会的力量。

中国教育，其历史与现状

今天我以中国代表的资格，而且在这个世界联合会中中国代表等，又是发起人的资格，在这个会中来说话，真是很荣幸的事。本会的会员，都是从世界各处来的。本会所已经讨论的问题，也都是关于世界各处共通的问题。我虽然身任中国教育界重要的职员，但是我个人对于本会，此次却并没有特别的意见发表。而且我的话也不像教育专家对于世界共通问题的讨论那样重要，所以我并未特别提出讨论的问题。不过据我个人对于中国教育的历史和现况等情形，有点观察，请向诸君一述。

中国教育，几乎自古至今处于一种状况之下，此种状况，若以现代的名称来说，即与"个人训育"相同，不过训育的地方为国都的国立教育机关，和各省各乡的官立教育机关。这种教育制度，包括高等教育在内，在两千年以前，即已经存在，是为太学，这就是"国子监"的制度的胚胎。"国子监"的教育，重在道德的涵养，也兼重政治和文学。在这种的教育机关以内的学生，都是分班授课。各班全由教习主持，学生与教习的关系犹如在私塾中一样。到了孟子时代，这种私家教授的制度，愈见发达，其性质颇与希腊时代的学院相类。这种类似学院的制度，在最近两世纪以内，尤为重要。再就历史上考察起来，王阳明最有名，而影响最久最大。他这种学院制的教学，与后来清朝颜元（习斋）的书院，都是由古代的学院制度蜕化出来的。这种学制，在现在虽已成了历史上的事实，但是它对于现代教育上待解决的许多大问题，颇有影响。

这种学制的好处，总括起来讲，可分为下列数项：（一）注重道德的训练为人格的养成；（二）激发个性，并使之遍观博览，纯任自由；（三）就个人的资质，而施一种特殊的得当的教诲，不致如分班教授，使天资愚钝的人感受困难。这种制度的自身，也还有几种特点，也值得一述，就是：（一）在我们古代学校中的课程，对于知识的启发方面大有考究，尤其对于文学和古典学等科，不过其侧重之点，在人格的修业与文学知识的养成，而不注重于科学方面教授。（二）我们这种古代教育的目的，在使学者终身讲习，预备去通过各种的官家考试，因为这种考试，便是学者将来服务于政治方面唯一的途径。这种教育与普通公民教育注重一般的知识的不同。

在清朝末年时代，即为最近的二十五年以内，东方的教育，可算是经遇一个大改变。教育的方面，在此改变之后，才注重于生活的各方面。现在我们的重要问题，便是仿照欧洲的教育制度，发展学校教育，建设各种学校，自幼稚园以至专门大学。在最初，官立学校，仍然是一种书院制的变形，其后渐渐变为日本革新后之形式，而变为德法式，至今又变为英美式，并且有一种启发知识的驱迫力。但是仍然不与我们古代的知识教育相妨。学术的课程繁多，试验的新制度，不过是升级降级及毕业而已。

至一九二一（二）年，经过几次教育讨论会以后，政府始下强迫教育的通令。那时正是我任教育总长的时代，在小学教育的发展的经过中，我们看见许多失学或过学龄的儿童，渐渐有受教育的机会了。这种学校教育的宗旨，不过是使学者有适应生活的能力，同时又可以使他们自进于高深学术的研究。因此便有一种希望，而且不断地进步。

自从本会在美洲旧金山开会以来，中国的教育又经过几许的发展。现在已认识清楚的事情，就是非用新式的教育，不能复兴我们古代的文明。最近两年来教育界的活力与进步，有几件事值得考虑。

（1）第一件重要的事，就是注重科学教育，这要算是中国新教育最可注意的地方。在一九二二年的时候，美国教育家孟禄博士到中国，曾指出中国教育的缺点，就是科学教育不发达。因为孟禄博士的议论，中华教育改进社为提倡及改进教育起见，特聘美国俄亥俄大学的推士博士，请其指陈应如何发展科学教育，如数学及理化等，于是北京清华学校，特于一九二四年特为教授科学的教习们，开办一暑期学校。现在现（文）在南京的国立东南大学举行第二次的暑期学校，上海商务（印）书馆又特别出售各种最新的科学用具，使各校易于置备。

（2）第二件可注意的，便是我国的教会学校。据最近的调查，知道全国新教的教会学校的学生约三十万人，在罗马教会学校的学生约二十万零五千人，就大概的情形看来，在教会学校学生的人数，还有逐渐增加的趋势。但是凡有教会学校的地方，总有一种宣传宗教的势力，颇与教育的宗旨相背驰。并且他们忽视中国历史、文学等科，而另用一种教育的方式，颇与中国政府所定的教育制度相违背，因此他们便成了中国教育发展的妨碍者。

并且中国教育家所崇信的，多半与教会教育立于反对方面。幼年学子，如素丝白纸，近朱者赤，近墨者黑，全视教育的人为转移。中国的儿童，本生于一种无宗教的环境中，如果我们果真尊重他们的自由发展，我们不应该使他束缚。

（3）第三件为公民教育运动。一九二三年，中华教育改进社，在北京清华学校开常年会，决议组织公共机关，发展社会教育，使不识字和无知识的人有受教育的机会，于是全国皆一致赞成。第一件要紧事，就是白话文的普遍方法及其教与学的方法。不论杂志、报章、小说等，皆用白话，即一切优美的文学作品，及哲学、社会科学等，亦用白话文作成。

因此在最近两年，中国新人这种公共学校的学生，竟增加了两百万之多。由此可知强迫教育，在中国不久即当普遍，而且不识字的人的罚款，也可以连带做到。我们可以相信，这种公民教育运动，可以在短的时间内，可以使二百万不识字的人识字，实在不是欺人之谈。

（4）第四件要算图书馆的运动了。中国自周朝以来，就有图书馆的存在。但是学校图书馆的存在，却是现在才有。据现在的调查，可以知道有十二个专门学校的图书馆已成立，在我们离开中国时，国内又新有一个全国图书馆协会的发生。其目的在促进新图书馆的成立。并且研究用较好的方法，去引起许多人利用图书馆，使看书的人日渐加多，并且也很注意美国庚子赔款退还的一部分内，即规定有建设新式图书馆的支配法。

现在我要想说几句关于中国最近学生运动，这可以说是中国人争回自由的运动。并且这个问题成了世界一个很重大的问题。我们在这会中，声言由学校可以促进世界国际的和平。但是除了这个会以外，究竟谁能负这个责任呢？我的意思以为最要紧应该想出国际间亲善及互相了解的法子，以现在的中国近事而论，也要有国际间公平的待遇。

现在中国曾经受了新教育的熏陶和正义人道的福音的人，至少有四五百万。诸公知道这二十世纪的短时间内，是看不出他的结果的。但是这种运动，是很可以使欧美各国的政治思想受很深的改变的。至于说到学生方面，现在的新教育，确已经把他们从奴隶束缚的威权中解放出来，这些怀抱得有新思想愿舍身于新运动的青年，对于各种政治问题的态度，是有改变的力量的。

况且这种学生运动，虽说是属于现代的特产物，其实，在中国历史里，汉、明两朝都有先例，就教育家的观察点而论，如果学生运动，纯是一种真诚的爱国心的表现，以行使他们公民的本分，那就是毫无错处的。

并且另一方面，这种运动，可以使他们得着许多最可宝贵的经验与成效，使一种社会服务的兴趣与志愿，深入于他们心中，又可培养引导成一种合作的才能。

但是这种运动，又每每使他们的自身和已有的新进步，陷于危险状况之内。这个事情，真是很复杂很冒险的。因此之故，我们国内教育家都用一种同情心及慈善心，爱护他们，并且寻出一种妥善的引导方法，指示他们以正大的鹄的，使他们由此可以得到众心而不任性的研究。其结果可以得到较伟大较自然的成绩。

因此我们不能不属望于在座的各大教育家，平心静气地去认识那有促进世界和平的价值的运动，并且开诚布公地寻出国际相与的正道。故知由学校方面着手，以促进世界和平，真正要算是教育上的根本问题，并且再没有其他的问题有这样同等的重要而且艰难了。

1925年

导读 蔡元培认为："人类有两种欲望：一是占有欲，一是创造欲。占有欲属于物质生活，为科学之事。创造欲为纯然无私的，归之于艺术。人人充满占有欲，社会必战争不已，紊乱不堪，故必有创作欲，艺术以为调剂，才能和平。艺术纯以创作为主，无现实上的一切因占有欲而起的束缚，艺术家不要名誉、财产，不迎合社会，因此中外的艺术家，每每一生很苦。"

学校是为研究学术而设
——在西湖国立艺术院开学式演说词

今天是艺术院补行开学式。大学院为什么在这个时候、这个地方设立艺术院？平常，西湖有很多的人来，远些来的人，可分两种：一是游览，一是为烧香。游览的人，是因为西湖风景很美丽，天气很温和，所以相率来游，以满足其私人的爱美欲望。一种是烧香的人。烧香的人为什么一定要来西湖拜佛呢？西湖的寺庙最多，所以他们都来了。但是为什么这些寺庙都建筑在风景美好的湖山之中呢？宗教是靠人心信仰而存在的，但是宗教是空空渺渺的，不能使人都信，永久维持着他的势力，故必须借着优美的山林，才能无形之中引诱一般人来信他的。一般人之所以拜佛，而又必定相率来西湖的，虽其信心觉得是为佛而来，实际上他们的潜在主因，仍就是为西湖的风景好才来的，也就是因为借此能满足他们的爱美欲望才来的。自然美不能完全满足人的爱美欲望，所以必定要于自然美外有人造美。艺术是创造美的、实现美的，西湖既有自然美，必定要再加上人造美，所以大学院在此地设立艺术院。宗教是靠着自然美，而维持着他们的势力存在。现在要以纯粹的美来唤醒人的心，就是以艺术来代宗教。

因为西湖的寺庙最多，来烧香的人也最多，所以大学院在西湖设立艺术院，创造美，使以后的人都移其迷信的心为爱美的心，借以真正地完成人们的生活。

现在最重要的是北伐，有人以为在这紧张的时候，不必马上设立艺术院。但事实上，大家的革命主要目的，不纯在消极地打倒军阀，抵御外人的侵略，而在三民主义的积极建设起来。三民主义，无非为民生而设，总理四十年的革命，可说最后的目的是在民生问题。但文化与物质生活之改革同时重要。原始的人类，于艰难苦斗的生活中，仍有纹身、雕刻、装饰器物的精神生活之需要，可见文化与物质生活同时发生，同样重要。生活问题既有物质与精神的两种，那么我们为民生问题而有的国民革命，必须于打倒阻碍民生进行的北伐工作之外，同时兼到精神上的建设，将来方能有完满的成功。再就目前事实上说，我们的北伐军也必须有美的、纯然无私的、勇敢的艺术精神，然后才能真的胜利。如法国人的在欧洲大战，因他们以前有艺术的陶养，故有那样从容不迫的精神。

大学院看艺术与科学一样重要。艺术能养成人有一种美的精神，纯洁的人格。艺术美，照日本人译来的西洋语有两种：一是优美，一是壮美。优美能使人和蔼，安静，对于一切能持静，遇事不乱，应付裕如。壮美使人有如受压迫，如瞻望高山，观览广洋狂涛，使人感到压迫，因而有反抗，勇往直前，一种大无畏的精神，奋发的情感。法国在优美之中养育，故不怕一切，虽强兵临于巴黎近郊，而仍能从容不迫，应付敌人。德人则壮美，他们做事，一往直前，气盖一世。我们北伐军必须有这两种精神，才能一切胜利。现在北伐军中有艺术科，也就是想以艺术精神来陶养军人，使他们有美的、纯然无私的勇敢精神，使北伐胜利。

人类有两种欲望：一是占有欲，一是创造欲。占有欲属于物质生活，为科学之事。创造欲为纯然无私的，归之于艺术。人人充满占有欲，社会必战争不已，紊乱不堪，故必有创作欲，艺术以为调剂，才能和平。艺术纯以创作为主，无现实上的一切因占有欲而起的束缚，艺术家不要名誉、财产，不迎合社会，因此中外的艺术家，每每一生很苦。中国古话说：文人贫而后工。并不是贫而后工，是去掉了一切个人的、现实的私欲，而能纯以创造为主才工。大学院设立艺术院，纯粹为提倡此种无私的、美的创造精神。所以艺术院不在学生多少，而在能创造。能创作，就是一个学生也可以。不能创作，一百、一千个学生也没有用。艺术院的林先生及教职员，他们都是有创作能力的人，希望他们自己去创作，不要顾到别的。

大家要认明白，艺术院不但是教学生，仍是为教职员创作而设的。学生愿意跟他们创作的就可以进来，不然不必来这里。这次的风潮，不是真的学生，是有别的政治作用，已经为浙江省政府除去。你们可以安心上课，教职员努力创作。不愿跟着教职员创作的学生，想做别的政治活动的学生，可以离开这里，到别处去，到社会上去做政客，不要妨碍他们创作。总之，艺术院是纯为艺术的，有天才能创作的学生，一万个不为多，一个不为少。

来宾、新闻记者也请注意：学校为纯粹的学术机关、神圣之地，一个学生没有也不要紧；教职员能创作，一样可以办下去。不要以为学生少了，就不成学校，这一点大家不要误会了。艺术院的教职员诸先生，要大家一致地努力创作，不要看见发生了一点小事，就怕起来。嗣后再有什么不正当的活动，有浙江省政府来防御、制止。学生要安心上课，教职员诸先生一致创作，供之于社会，这是大学院所最希望的。

1928年

导读 在蔡元培看来，美育与美术的区别有二：一因范围不同，欧洲人所设的美术学校仅包括了建筑、雕刻、图画等，音乐、文学均不是。而美育则除上列五项之外，凡有美化的程度者，均在所包。二因作用不同，凡年龄的长幼，习惯的差别，受教育程度的深浅，都令人审美观念不同。

以美育代宗教

我向来主张以美育代宗教，而引者或改美育为美术，误也。我所以不用美术而用美育者：一因范围不同，欧洲人所设之美术学校，往往只有建筑、雕刻、图画等科，并音乐、文学，亦未列入。而所谓美育，则自上列五种外，美术馆的设置，剧场与影戏院的管理，园林的点缀，公墓的经营，市乡的布置，个人的谈话与容止，社会的组织与演进，凡有美化的程度者，均在所包，而自然之美，尤供利用，都不是美术二字所能包举的。二因作用不同，凡年龄的长幼，习惯的差别，受教育程度的深浅，都令人审美观念互不相同。

我所以不主张保存宗教，而欲以美育来代它，理由如下。

宗教本旧时代教育，各种民族，都有一个时代完全把教育权委托于宗教家，所以宗教中兼含着智育、德育、体育、美育的元素。说明自然现象，记上帝创世次序，讲人类死后世界等等是智育。犹太教的十诫，佛教的五戒，与各教中劝人去恶行善的教训，是德育。各教中礼拜、静坐、巡游的仪式，是体育。宗教家择名胜的地方，建筑教堂，饰以雕刻、图画，并参用音乐、舞蹈，佐以雄辩与文学，使参与的人有超出尘世的感想，是美育。

从科学发达以后，不但自然历史、社会状况，都可用归纳法求出真相，就是潜识、幽灵一类，也要用科学的方法来研究它。而宗教上所有的解说，在现代多不能成立，所以智育与宗教无关。历史学、社会学、民族学等发达以后，知道人类行为是非善恶的标准，随地不同，随时不同，所以现代人的道德，须合于现代的社会，决非数百年或数千年以前之圣贤所能预为规定，而宗教上所悬的戒律，往往出自数千年以前，不特挂漏太多，而且与事实相冲突的，一定很多，所以德育方面，也与宗教无关。自卫生成为专学，运动场、疗养院的设备，因地因人，各有适当的布置，运动的方式，极为复杂。旅行的便利，也日进不已，决非宗教上所有的仪式所能比拟。所以体育方面，也不必倚赖宗教。于是宗教上所被认为尚有价值的，只有美育的元素了。庄严伟大的建筑，优美的雕刻与绘画，奥秘的音乐，雄深或婉挚的文学，无论其属于何教，而异教的或反对一切宗教的人，决不能抹杀其美的价值，是宗教上不朽的一点，只有美。

然则保留宗教，以当美育，可行么？我说不可。

一、美育是自由的，而宗教是强制的；

二、美育是进步的，而宗教是保守的；

三、美育是普及的，而宗教是有界的。

因为宗教中美育的元素虽不朽，而既认为宗教的一部分，则往往引起审美者的联想，使彼受其智育、德育诸部分的影响，而不能为纯粹的美感，故不能以宗教充美育，而只能以美育代宗教。

1930年

导读 "思想自由，兼容并包"是蔡元培最重要的教育思想之一。蔡元培在本文中强调，大学以思想自由为原则，教育的思想自由首先在大学，若一个社会的大学尚无法达到思想的自由，那么社会的其他领域更无从获得。

大学教育

大学教育者，学生于中学毕业以后，所受更进一级之教育也。其科目为文、理、神学、法、医、药、农、工、商、师范、音乐、美术、陆海军等。前五者自神学以外，为各国大学所公有。惟旧制合文、理为一科，而名为哲学，现今德语诸国，尚仍用之。农、工、商以下各科，多独立而为专门学校，如法国之国立美术专门学校（Ecole Nationale et Specialedes Beaux Arts）之类；亦或谓之高等学校，如德国之理工高等学校（Techniche Hochschnle）之类；或仅称学校，如法国百工学校（Ecole Polytechnique）之类；或单称学院，如法国巴士特学院（L'institut Pasteur）之类。用大学教育之广义，则可以包括之。我国旧仿日本制，于大学以下，有一种专门学校，如农业专门学校、医学专门学校之类。虽程度较低，年限较短，然既为中等学校以上之教育，不妨列诸大学教育之内。惟旧式之高等学校，后改为大学预科，而新制编入高级中学者，则当属于中学之范围，而于大学无关焉。

吾国历史上本有一种大学，通称太学，最早谓之上庠，谓之辟雍，最后谓之国子监。其用意与今之大学相类，有学生、有教官、有学科、有积分之法、有入学资格、有学位、其组织亦颇似今之大学。然最近时期，所谓国子监者，早已有名无实。故吾国今日之大学，乃直取欧洲大学之制而模仿之，并不自古之太学演化而成也。

欧洲大学，在拉丁原名，本为教育与学者之总会（Universitat Magrotro-rum et Scholarium），其后演而为知识之总汇（Universitat Litterarum），而此后各国大学即取其总义为名。欧洲最早之大学，为十二、十三世纪间在意大利、法兰西、西班牙诸国所设者；十四世纪以后，盛行于德语诸国，即专设神学、法学、医学、哲学四科者是也。其初注重应用，几以哲学为前三科之预科。及科学与文哲之学各别发展，具有独立资格，遂演化而为文、理两科。然德语诸国，为哲学一科如故也。拿破仑时代，曾以神学、法学、医学为养成教士、法吏、医生之所，因指文理科为养成中学以上教员之所。各国虽不必皆有此种明文，而事实上自然有此趋势。所以各国皆于中学校以外，设师范学校，以养成小学教员；而于大学外，特设高等师范学校，以养成中学教员者，不多见也。法国于革命时，曾解散大学为各种专门学校；但其后又集合之而组为大学，均不设神学科，而另设药科；惟新自德国争回史太师埠之大学，有天主教与耶稣教之神学科各一，为例外耳。法国分全国为十七大学区，大学总长兼该区教育厅长，不特为大学内部之行政长，而一区以内中、小学校及其他一切教育行政，皆受其统辖焉。其保留中古时代教者与学者总会之旧制者，为英国之牛津、剑桥两大学。牛津由二十精舍（College）组成，剑桥由十七精舍组成。每一精舍，均为教员与学生共同生活之所。每一教员为若干学生之导师，示以为学之次第而监督之。学生于求学以外，尤须努力于交际与运动，以为养成绅士资格之训练。

大学教员有教授、额外教授与讲师等，以一定时间，在教室讲授学理。其为实地练习者，有研究所、实验室、病院等。研究所（Seminal 或作 Tuotitut）大抵为文、法等科而设，备有图书及其他必要之参考品。本为高等学生练习课程之机关，故常有一种课程，由教员指定条目，举出参考书，令学生同时研究，而分期报告，以资讨论。抑或指定名著，分段研讨，与讲义相辅而行。而教员与毕业生之有志研究学术者，亦即在研究所用功。如古物学、历史学、美术史等研究所，间亦附有陈列所，与地质学、生物学等陈列所相等；不但供本校师生之考察，且亦定期公开，以便校外人参观。至于较大之建设，如植物院、动物院、天文台、美术、历史、自然史、民族学等博物院，则恒由国立或市立，而大学师生有特别利用之权。实验室大抵为理科及农、工、医等科而设；然文科之心理学、教育学、美学、言语学等，亦渐渐有实验室之需要。病院为医科而设，一方面为病人施治疗，一方面即为学生实习之所也。此外，则图书馆亦为大学最要之设备。

欧洲各国大学，自牛津、剑桥而外，其中心点皆在智育。对于学生平日之行动，学校不复干涉，亦不为学生设寄宿舍。大学生自经严格的中学教育以后，多能自治，学校不妨放任也。惟中古时代学生组合之遗风，演存于德语诸国者，尚有一种学生会。每一学生会，各有其特别之服装与徽章，遇学校典礼，如开学式、纪念会等，各会之学生，盛装驱车，招摇过市，而集于大学之礼堂，参与仪式焉。平日低年级学生有服役于高级生之义务，时时高会豪饮，又相与练习击剑之术。有时甲会与乙会有睚眦之怨，则相约而斗剑，非瘢面流血不止。此等私斗之举，为警章所禁；而政府以其有尚武爱国之寓意，则故放任之，与牛津、剑桥之注意运动者同意也。然大学人数较多者，一部分学生，或以家贫，不能供入会费用；或以思想自由，不愿作无意识举动，则不入中古式之学生会，而有自由学生之号。所组织者，率为研究学术与服务社会之团体。大学生注重体育，为各国通例；美国大学，且有一部分学生，特受军事教育者。不特卫生道德，受其影响，而且为他日捍卫国家之准备。吾国各大学，近年于各种体育设备以外，又有学生军之组织，亦此意也。

大学有给予学位之权。德语诸国，仅有博士一级（Doktor）。学生非研究有得，提出论文，经本科教员认可，而又经过主课一种、副课两种之口试，完全通过者，不能得博士学位，即不能毕业。英语诸国，则有三级：第一学士

(Bachelor Of Arts)；第二硕士（Master Of Arts）；第三博士。法国亦于博士以前有学士（La Licence）一级。大学又得以博士名义赠予世界著名学者，或国际上有特别关系之人物。

大学初设，惟有男生。其后虽间收女生，而入学之资格，学位之授予，均有严格制限。偶有特设女子大学者，程度亦较低。近年男女平权之理论，逐渐推行，女子求入大学者，人数渐多；于是男女同入大学及同得学位之待遇，遂通行于各国。

大学行政自由之程度，各国不同。法国教育权，集中于政府；大学皆国立，校长由政府任命之。英、美各国，大学多私立，经济权操于董事会，校长由董事会延聘之。德国各大学，或国立，或市立，而其行政权集中于大学之评议会。评议会由校长、大学法官、各科学长与一部分教授组成之。校长及学长，由评议会选举，一年一任。凡愿任大学教员者，于毕业大学而得博士学位后，继续研究；提出论文，经专门教授认可后，复在教授会受各有关系学科诸教授之质问，皆通过；又为公开讲演一次，始得为讲师。其后以著作与名誉之增进，值一时机，进而为额外教授，又递进而为教授，纯属大学内部之条件也。

大学以思想自由为原则。在中古时代，大学教科受教会干涉，教员不得以违禁书籍授学生。近代思想自由之公例，既被公认，能完全实现之者，厥惟大学。大学教员所发表之思想，不但不受任何宗教或政党之拘束，亦不受任何著名学者之牵掣。苟其确有所见，而言之成理，则虽在一校中，两相反对之学说，不妨同时并行，而一任学生之比较而选择，此大学之所以为大也。大学自然为教授、学生而设，然演讲既深，已成为教员与学生共同研究之机关。所以一种讲义，听者或数百人以至千余人；而别有一种讲义，听者或仅数人。在学术上之价值，初不以是为轩轾也。如讲座及研究所之设备，既已成立，则虽无一学生，而教员自行研究，以其所得，贡献于世界，不必以学生之有无为作辍也。

　　受大学教育者，亦不必以大学生为限。各国大学均有收旁听生之例，不问预备程度，听其选择自由。又有一种公开讲演，或许校外人与学生同听，或专为校外人而设，务与普通服务之时间不相冲突。此所以谋大学教育之普及也。

1930年

导读 蔡元培认为美育是实施世界观教育的重要手段。进行美感教育可以陶冶学生性情，使学生具有高尚的情操，美好的感情。

美 育

美育者，应用美学之理论于教育，以陶养感情为目的者也。人生不外乎意志，人与人互相关系，莫大乎行为，故教育之目的，在使人人有适当之行为，即以德育为中心是也。顾欲求行为之适当，必有两方面之准备：一方面，计较利害，考察因果，以冷静之头脑判定之；凡保身卫国之德，属于此类，赖智育之助者也。又一方面，不顾祸福，不计生死，以热烈之感情奔赴之。凡与人同乐、舍己为群之德，属于此类，赖美育之助者也。所以美育者，与智育相辅而行，以图德育之完成者也。

吾国古代教育，用礼、乐、射、御、书、数之六艺。乐为纯粹美育；书以记述，亦尚美观；射、御在技术之熟练，而亦态度之娴雅；礼之本义在守规则，而其作用又在远鄙俗。盖自数以外，无不含有美育成分者。其后若汉魏之文苑、晋之清谈、南北朝以后之书画与雕刻、唐之诗、五代以后之词、元以后之小说与剧本，以及历代著名之建筑与各种美术工艺品，殆无不于非正式教育中行其美育之作用。

其在西洋，如希腊雅典之教育，以音乐与体操并重，而兼重文艺。音乐、文艺，纯粹美育。体操者，一方以健康为目的，一方实以使身体为美的形式之发展；希腊雕像，所以成空前绝后之美，即由于此。所以雅典之教育，虽谓不出乎美育之范围，可也。罗马人虽以从军为政见长，而亦输入希腊之美术与文学，助其普及。中古时代，基督教徒，虽务以清静矫俗；而峨特式之建筑，与其他音乐、雕塑、绘画之利用，未始不迎合美感。自文艺复兴以后，文艺、美术盛行。及十八世纪，经包姆加敦（Baumgarten，1714—1762）与康德（Kant，1724—1804）之研究，而美学成立。经席勒尔（Schiller，1759—1805）详论美育之作用，而美育之标识，始彰明较著矣。（席勒尔所著，多诗歌及剧本；而其关于美学之著作，惟 Brisfe über die üsthetische Erziehung，吾国"美育"之术语，即由德文之 Ästhetische Erziehung 译出者也。）自是以后，欧洲之美育，为有意识之发展，可以资吾人之借鉴者甚多。

爰参酌彼我情形而述美育之设备如下：美育之设备，可分为学校、家庭、社会三方面。

学校自幼稚园以至大学校，皆是。幼稚园之课程，若编纸、若黏土、若唱歌、若舞蹈、若一切所观察之标本，有一定之形式与色泽者，全为美的对象。进而至小学校，课程中如游戏、音乐、图画、手工等，固为直接的美育；而其他语言与自然、历史之课程，亦多足以引起美感。进而及中学校，智育之课程益扩加；而美育之范围，亦随以俱广。例如，数学中数与数常有巧合之关系。几何学上各种形式，为图案之基础。物理、化学上能力之转移，光色之变化；地质学的矿物学上结晶之匀净，闪光之变幻；植物学上活色生香之花叶；动物学上逐渐进化之形体，极端改饰之毛羽，各别擅长之鸣声；天文学上诸星之轨道与光度；地文学上云霞之色彩与变动；地理学上各方之名胜；历史学上各时代伟大与都雅之人物与事迹；以及其他社会科学上各种大同小异之结构，与左右逢源之理论；无不于智育作用中，含有美育之元素；一经教师之提醒，则学者自感有无穷之兴趣。其他若文学、音乐等之本属于美育者，无待言矣。进而至大学，则美术、音乐、戏剧等皆有专校，而文学亦有专科。即非此类专科、专校之学生，亦常有公开之讲演或演奏等，可以参加。而同学中亦多有关于此等美育之集会，其发展之度，自然较中学为高矣。且各级学校，于课程外，尚当有种种关于美育之设备。例如，学校所在之环境有山水可赏者，校之周围，设清旷之园林。而校舍之建筑，器具之形式，造像摄影之点缀，学生成绩品之陈列，不但此等物品之本身，美的程度不同，而陈列之位置与组织之系统，亦大有关系也。

其次家庭：居室不求高大，以上有一二层楼，而下有地窖者为适宜。必不可少者，环室之园，一部分杂莳花木，而一部分可容小规模之运动，如秋千、网球之类。其他若卧室之床几、膳厅之桌椅与食具、工作室之书案与架柜、会客室之陈列品，不问华贵或质素，总须与建筑之流派及各物品之本式，相互关系上，无格格不相入之状。其最必要而为人人所能行者，清洁与整齐。其他若鄙陋之辞句，如恶谑与谩骂之类，粗暴与猥亵之举动，无论老幼、男女、主仆，皆当摒绝。

其次社会：社会之改良，以市乡为立足点。凡建设市乡，以上水管、下水管为第一义；若居室无自由启闭之水管，而道路上见有秽水之流演、粪桶与粪船之经过，则一切美观之设备，皆为所破坏。次为街道之布置，宜按全市或全乡地面而规定大街若干、小街若干，街与街之交叉点，皆有广场。场中设花坞，随时移置时花；设喷泉，于空气干燥时放射之；如北方各省尘土飞扬之所，尤为必要。陈列美术品，如名人造像，或神话、故事之雕刻等。街之宽度，预为规定，分步行、车行各道，而旁悉植树。两旁建筑，私人有力自营者，必送其图于行政处，审为无碍于观瞻而后认可之；其无力自营而需要住所者，由行政处建筑公共之寄宿舍。或为一家者，或为一人者，以至廉之价赁出。于小学校及幼稚园外，尚有寄儿所，以备孤儿或父母同时做工之子女可以寄托，不使抢攘于街头。对于商店之陈列货物，悬挂招牌，张贴告白，皆有限制，不使破坏大体之美观，或引起恶劣之心境。载客运货之车，能全用机力，最善。必不得已而利用畜力，或人力，则牛马必用强壮者，装载之量与运行之时，必与其力相称。人力间用以运轻便之物，或负担，或曳车、推车。若为人舁轿挽车，惟对于病人或妇女，为倘佯游览之助者，或可许之。无论何人，对于老牛、羸马之竭力以曳重载，或人力车夫之袒背浴汗而疾奔，不能不起一种不快之感也。设习艺所，以收录贫苦与残疾之人，使得于能力所及之范围，稍有所贡献，以偿其所享受，而不许有沿途乞食者。设公墓，可分为土葬、火葬两种，由死者遗命或其子孙之意而选定之。墓地上分区、植树、莳花、立碑之属，皆有规则。不许于公墓以外，买地造坟。分设公园若干于距离适当之所，有池沼亭榭、花木鱼鸟，以供人工作以后之休憩。设植物园，以观赏四时植物之代谢。设动物园，以观赏各地动物特殊之形状与生活。设自然历史标本陈列所，以观赏自然界种种悦目之物品。设美术院，以久经鉴定之美术品，如绘画、造像及各种美术工艺，刺绣、雕镂之品，陈列于其中，而有一定之开放时间，以便人观览。设历史博物院，以使人知一民族之美术，随时代而不同。设民族学博物院，以使人知同时代中，各民族之美术，各有其特色。设美术展览会，或以新出之美术品，供人批评；或以私人之所收藏，暂供众览；或由他处陈列所中，抽借一部，使观赏者常有新印象，不为美术院所限也。设音乐院，定期演奏高尚之音乐，并于公园中为临时之演奏。设出版物检查所，凡流行之诗歌、小说、剧本、画谱，以至市肆之挂屏、新年之花纸，尤其儿童所读阅之童话与画本等，凡粗犷、猥亵者禁止之，而择其高尚优美者助为推行。设公立剧院及影戏院，专演文学家所著名剧及有关学术，能引起高等情感之影片，以廉价之入场券引人入览。其他私人营业之剧院及影戏院，所演之剧与所照之片，必经公立检查所之鉴定，凡卑猥陋劣之作，与真正之美感相冲突者，禁之。婚丧仪式，凡陈陈相因之仪仗、繁琐无理之手续，皆废之；定一种简单而可以表示哀乐之公式。每年遇国庆日，或本市本乡之纪念日，则于正式祝典以外，并可有市民极端欢娱之表示；然亦有一种不能越过之制限；盖文明人无论何时，总不容有无意识之举动也。以上所举，似专为新立之市乡而言，其实不然。旧有之市乡，含有多数不合美育之分子者，可于旧市乡左近之空地，逐渐建设，以与之交换，或即于旧址上局部改革。

要之，美育之道，不达到市乡悉为美化，则虽学校、家庭尽力推行，而其所受环境之恶影响，终为阻力，故不可不以美化市乡为最重要之工作也。

1930年

导读 蔡元培是我国现代教育史上提倡美育的教育家，提到美育与人生之关系，蔡元培认为美育可以充实人生的意义，使人在学习时增添一种勇敢活泼的精神。

美育与人生

人的一生，不外乎意志的活动，而意志是盲目的，其所恃以为较近之观照者，是知识；所以供远照、旁照之用者，是感情。

意志之表现为行为。行为之中，以一己的卫生而免死、趋利而避害者为最普通；此种行为，仅仅普通的知识，就可以指导了。进一步的，以众人的生及众人的利为目的，而一己的生与利即托于其中。此种行为，一方面由于知识上的计较，知道众人皆死而一己不能独生；众人皆害而一己不能独利。又一方面，则亦受感情的推动，不忍独生以坐视众人的死，不忍专利以坐视众人的害。更进一步，于必要时，愿舍一己的生以救众人的死；愿舍一己的利以去众人的害，把人我的分别，一己生死利害的关系，统统忘掉了。这种伟大而高尚的行为，是完全发动于感情的。

人人都有感情，而并非都有伟大而高尚的行为，这由于感情推动力的薄弱。要转弱而为强，转薄而为厚，有待于陶养。陶养的工具，为美的对象，陶养的作用，叫做美育。

美的对象，何以能陶养感情？因为他有两种特性：一是普遍；二是超脱。

一瓢之水，一人饮了，他人就没得分润；容足之地，一人占了，他人就没得并立；这种物质上不相入的成例，是助长人我的区别、自私自利的计较的。

转而观美的对象，就大不相同。凡味觉、嗅觉、肤觉之含有质的关系者，均不以美论；而美感的发动，乃以摄影及音波辗转传达之视觉与听觉为限。所以纯然有"天下为公"之概；名山大川，人人得而游览；夕阳明月，人人得而赏玩；公园的造像，美术馆的图画，人人得而畅观。齐宣王称"独乐乐不若与人乐乐"；"与少乐乐不若与众乐乐"；陶渊明称"奇文共欣赏"；这都是美的普遍性的证明。

植物的花，不过为果实的准备；而梅、杏、桃、李之属，诗人所咏叹的，以花为多。专供赏玩之花，且有因人的作用，而不能结果的。动物的毛羽，所以御寒，人固有制裘、织呢的习惯；然白鹭之羽，孔雀之尾，乃专以供装饰。宫室可以避风雨就好了，何以要雕刻与彩画？器具可以应用就好了，何以要图案？语言可以达意就好了，何以要特制音调的诗歌？可以证明美的作用，是超越乎利用的范围的。

既有普遍性以打破人我的成见，又有超脱性以透出利害的关系；所以当着重要关头，有"富贵不能淫，贫贱不能移，威武不能屈"的气概；甚且有"杀身以成仁"而不"求生以害仁"的勇敢；这种是完全不由于知识的计较，而由于感情的陶养，就是不源于智育，而源于美育。

所以吾人固不可不有一种普通职业，以应利用厚生的需要；而于工作的余暇，又不可不读文学，听音乐，参观美术馆，以谋知识与感情的调和，这样，才算是认识人生的价值了。

1931年

导读 本文又是一篇强调以美育代替宗教的文章，是对于此前的《以美育代宗教》一文中的观点的延伸和补充。

美育代宗教

有的人常把美育和美术混在一起，自然美育和美术是有关系的，但这两者范围不同，只有美育可以代宗教，美术不能代宗教，我们不要把这一点误会了。就视觉方面而言，美术包括建筑、雕刻、图画三种，就听觉方面而言，包括音乐。在现在学校里，像图画、音乐这几门功课都很注意，这是美术的范围。至于美育的范围要比美术大得多，包括一切音乐、文学、戏院、电影、公园、小小园林的布置、繁华的都市（例如上海）、幽静的乡村（例如龙华），等等，此外，如个人的举动（例如六朝人的尚清谈）、社会的组织、学术团体、山水的利用，以及其他种种的社会现状，都是美育。美育是广义的，而美术则意义太狭。美术是活动的，譬如中学生的美术就和小学生的不同，那一种程度的人，就有那一种的美术；民族文化到了什么程度，就产生什么程度的美术。美术有时也会引起不好的思想，所以国家裁制，便不用美术。

我为什么想到以美育代宗教呢？因为现在一般人多是抱着主观的态度来研究宗教，其结果，反对或者是拥护，纷纭聚讼，闹不清楚。我们应当从客观方面去研究宗教。不论宗教的派别怎样的不同，在最初的时候，宗教完全是教育，因为那时没有像现在那样为教育而设的特殊机关，譬如基督教青年会讲智、德、体三育，这就是教育。

初民时代没有科学，一切人类不易知道的事，全赖宗教去代为解释。初民对于山、海、光，以及天雨、天晴等等的自然界现象，很是惊异，觉得这些现象的发生，总有一个缘故在里面。但是什么人去解释呢？又譬如星是什么，太阳是什么，月亮是什么，世界什么时候起始，为什么有这世界，为什么有人类，这许多问题。现在社会人事繁复，生活太复杂，人类一天到晚，忙忙碌碌，没有工夫去研究这些问题；但我们的祖宗生活却很简单，除了打猎外，便没有什么事，于是就有摩西亚把这些问题作了一番有系统的解答，把生前是一种怎样情形，死后又是一种怎样情形，世界没有起始以前是怎样，世界将来的究竟又是怎样，统统都解释了出来。为什么会有日蚀、月蚀那种自然的现象呢？说是日或月给动物吞食了去。在创世纪里，说人类是上帝于一天之内造出来的，世界也是上帝造出来的，而且可吃的东西都有。经过这样一番解释之后，初民的求知欲就满足了。这是说到宗教和智育的关系。

从小学教科书里直到大学教科书里，有人讲给我们听，说人不可做怎样怎样不好的事，这是从消极说法；更从积极方面，说人应该做怎样怎样的人，这就是德育。譬如摩西的十戒也说了许多人"可以"怎样和"不可以"怎样的话，无论哪一种的宗教总是讲规矩，讲爱人爱友，爱敌如友，讲怎样做人的模范，现在的德育也是讲人和人如何往来，人如何对待人，这是说到宗教和德育的关系。

宗教有跪拜和其他种种繁重的仪式，有的宗教的信徒每日还要静坐多少时间，有许多基督教徒每年要往耶路撒冷去朝拜，佛教徒要朝山，要到大寺院里去进香。我把这些情形研究的结果，原来都和体育与卫生有关。周朝很注重礼节，一部《周易》无非要人强壮身体，一部《礼记》规定了很繁重的礼节，也无非要人勇敢强有力，所谓平常有礼，有事当兵。这是说到宗教和体育的关系。

所以，在宗教里面智、德、体三育都齐备了。

凡是一切教堂和寺观，大都建筑在风景最好的地方。欧洲文艺复兴之后，在建筑方面产生了许多格式。中国的道观，其建筑的格式最初大都由印度输入，后来便渐渐地变成了中国式。回教的建筑物，在世界美术上是很有名的。我们看了这些庄严灿烂的建筑物，就可以明了这些建筑物的意义，就是人在地上不够生活，要跳上天去，而这天堂就是要建立在地上的。再说到这些建筑物的内部也是很壮丽的，我们只要到教堂里面去观察，我们就可以看出里面的光线和那些神龛都显出神秘的样子；而且教堂里面一定有许多雕刻，这些雕刻都起源于基督教。现在有许多油画和图像，都取材自基督教；唐朝的图像也都是佛。此外，在音乐方面，宗教的音乐，例如宗教上的赞美歌和歌舞，其价值是永远存在的。现在会演说的人有许多是宗教家。宗教和文学也有很密切的关系，因为两者都是感情的产物。凡此种种，其目的无非在引起人们的美感，这是宗教的一种很重要的作用。因为宗教注意教人，要人对于一切不满意的事能找到安慰，使一切辛苦和不舒服能统统去掉。但是用什么方法呢？宗教不能用很严正的话或很具体的话去劝慰人，它只能利用音乐和其他一切的美术，使人们被引到别一方面去，到另外一个世界上去，而把具体世界忘掉。这样，一切困苦便可以暂时去掉，这是宗教最大的作用。所以宗教必有抽象的上帝，或是先知，或是阿弥陀佛。这是说到宗教和美育的关系。

以前都是以宗教代教育，除了宗教外，没有另外的教育，就是到了欧洲的中古时代，也还是这样。教育完全在教堂里面，从前日本的教育都由和尚担任了去，也只有宗教上的人有那热心和余暇去从事于教育的事业。但现在可不同了，现在有许多的事，我们都知道。譬如一张桌子，有脚，其原料是木头，灯有光，等等。这些事情只有科学和工艺书能告诉我们，动物学和植物学也告诉了我们许多关于自然的现象。此外如地球如何发生，太阳是怎么样，星宿是怎么样，也有地质学和天文学可以告诉我们，而且解释得很详细。比宗教更详细。甚而至于人死后身体怎样的变化，灵魂怎样，也有幽灵学可以告诉我们。还有精神上的动作，下意识的状态等，则有心理学可以告诉我们。所以单是科学已尽够解释一切事物的现象，用不着去请教宗教。这样，宗教和智育便没有什么关系。现在宗教对于智育，不但没有什么帮助，而且反有障碍，譬如像现在的美国，思想总算很能自由，但在大学里还不许教进化论，到现在宗教还保守着上帝七天造人之说，而不信科学。这样说来，宗教不是反有害吗？

讲到德育，道德不过是一种行为。行为也要用科学的方法去研究的，先要考察地方的情形和环境，然后才可以定一种道德的标准，否则便不适用。例如在某地方把某种行为视为天经地义，但换一个地方便成为大逆不道。所以从历史上看来，道德有的时候很是野蛮。宗教上的道德标准，至少是千余年以前的圣贤所定，对于现在的社会，当然是已经不甚适用。譬如圣经上说有人打你的右颊，你把左颊也让他打，有人剥你的外衣，你把里衣也脱了给他。这几句话意思固然很好，但能否做得到，是否可以这样做，也还是一个问题。但相信宗教的人，却要绝对服从这些教义。还有宗教常把男女当做两样东西看待，这也是不对的。所以道德标准不能以宗教为依归。这样说来，现在宗教对于德育，也是不但没有益处，而且反有害处的。

至于体育，宗教注重跪拜和静坐，无非教人不要懒惰，也不要太劳。有许多人进杭州天竺烧香，并不一定是相信佛，不过是趁这机会看看山水罢了。现在各项运动，如赛跑、玩球、摇船等，都有科学的研究，务使身体上无论那一部分都能平均发达。遇着山水好的地方，便到那个地方去旅行。此外，又有疗养院的设施，使人有可以静养的处所。人疲劳了应该休息，换找新鲜空气，这已成为老生常谈。所以就体育而言，也用不着宗教。

这样，在宗教的仪式中，就丢掉了智、德、体三育，剩下来的只有美育，成为宗教的唯一元素。各种宗教的建筑物，如庵观寺院，都造得很好，就是反对宗教的人也不会说教堂不是美术品。宗教上的各种美术品，直到现在，其价值还是未动，还是能够站得住，无论信仰宗教或反对宗教的人，对于宗教上的美育都不反对，所以关于美育一部分宗教还能保留。但是因为有了美育，宗教可不可以代美育呢？我个人以为不可。因为宗教上的美育材料有限制，而美育无限制。美育应该绝对的自由，以调养人的感情。吴道子的画没有人说他坏，因为每一个人都有他自己所欣赏的美术。宗教常常不许人怎样怎样，一提起信仰，美育就有限制。美育要完全独立，才可以保有它的地位。在宗教专制之下，审美总不很自由。所以用宗教来代美育是不可的。还有，美育是整个的，一时代有一时代的美育。油画以前是没有的，现在才有。照相也是如此。唱戏也经过了许多时期。无论音乐、工艺美术品，都是时时进步的。但宗教却绝对的保守，譬如一部圣经，哪一个人敢修改？这和进化刚刚相反。美育是普及的，而宗教则都有界限。佛教和道教互相争斗，基督教和回教到现在还不能调和，印度教和回教也极不相容，甚至基督教中间也有新教、旧教、天主教、耶稣教之分，界限大，利害也就很清楚。美育不要有界限，要能独立，要很自由，所以宗教可以去掉。宗教说好人死后不吃亏，但现在科学发达，人家都不相信。宗教又说，人死后有灵魂，做好人可以受福，否则要在地狱里受灾难，但究竟如何，还没有人拿出实在证据来。总之，宗教可以没有，美术可以辅宗教之不足，并且只有长处而没有短处，这是我个人的见解。这问题很是重要。这个题目是陈先生定的，不是我自己定的，我到现在还在研究中，希望将来有具体的计划出来，我现在不过把已想到的大概情形向诸位说说。

1932年

导读 本文中，蔡元培从教而不学、学而不教、不教不学三种情况，对"教"与"学"的问题展开了讨论。

教 与 学

通常将"教"与"学"分为两事：

（一）"教"指教师教授；

（二）"学"指学生学习。

照我们现在的观察，不能绝对地如此划分，可分三点来说明。

教而不学 有些教师常有保守的习气。这些教师，或缺乏进修方法，或苦无研究机会，对所任教科，或为被动的、非自动的，不感何种兴趣。于是上焉者就教材范围略事准备，下焉者临时敷衍塞责。这种习气，足以使青年学生墨守陈腐的见解，而不易获得广大的知识。我们知道科学的研究与发明，瞬息千里。十年前所发明的定律，现在或许要根本推翻，或许要重新估值。如果将陈腐的知识传授给现代的学生，这些学生，即以教师所传授的陈腐的知识，应付当前的问题或进求高深的学理，试问读者可乎不可？所以我们希望一般教师不只是教，不只是研究教学的方法，还得要继续不断地研究所教的学科，以及所教的有关的学科；组织最新的学理，应用最有效的方法，使学生对于各科获得具体的概念，从而作进一步的研习。这是我们第一点意思。

学而不教 第二点包括两种人：

（一）肯研究学问而不谙教学方法的教师；

（二）肯努力的学生。

好些教师，于所任教科，很能有系统的组织，于相关的学科，亦能多方注意。这种教师，除致力于学科的研究之外，往往忽视教学的方法，虽则他教授的时候，尽可能充实学科的内容，补充较新的材料；因为不谙教学的方法，遂不易引起学生学习的兴趣。至于肯努力的学生，在全校或全级学生中，成绩较优，略窥门径。辅助同学以及指导民众的——如办理民众教育等——固不乏人；还有不少学生，只知个别努力，牺牲切磋的机会，因此教师所传授的学问，亦只囿于学校校门，或囿于肯努力的少数学生，形成教育的浪费，这都是"学而不教"的弊病。我们希望：（一）肯努力学问的教师，不但研究所教的学科，还要研究教学的方法。 （二）肯努力的学生，不但自身努力学习，还得辅助同级的同校的学生共同努力；还得将所得的知识推广到一般民众身。上去。

不教不学 上述的两种教师，一种是"教而不学"的，一种是"学而不教"的，还有一种是"不教不学"的，这种"不教不学"的教师，于所教的学科，既没有彻底的了解与持续的研究，又不请教学的方法；或则敷衍了事，或则背诵教本，或则撷拾陈言，自误误人，为害不浅。这是属于教师方面的。学生方面，除了上述的"学而不教"的学生之外，也有不教不学的学生。所谓不教不学的学生，第一是"不学"，不研究学问，不感到学业的乐趣。第二是没有学问足以教人，更没有觉到有教人的必要。青年们呀！我们中国平均一万个人才有一个大学生，一千个人才有一个中学生，你们是一千个人里面或者一万个人里面最幸运的。你们不但自己要努力求学，你还得将你所学的教给一千个人，一万个人。现在有一位陶行知先生竭力推行小先生制度，可以备诸位借鉴的。

最后，我希望教师们、学生们：

（一）从"教而不学"到"既教且学"；

（二）从"学而不教"到"既学且教"；

（三）从"不教不学"到"又教又学"。

更希望《教与学》月刊能适应这三方面的需要。

1935年

导读 本文是蔡元培先生就任北京大学校长的演说，他上任之始革新了北大实施教授治校，聘请了陈独秀、胡适等人，开启了学术与自由之风。蔡元培在这篇就职演说中向北大的学生提出了三点希望：一是抱定宗旨；二是砥砺德行；三是敬爱师友。

就任北京大学校长之演说

五年前，严几道先生为本校校长时，余方服务教育部，开学日曾有所贡献于本校。诸君多自预科毕业而来，想必闻知。士别三日，刮目相见，况时阅数载，诸君较昔当必为长足之进步矣。予今长斯校，请更以三事为诸君告。

一曰抱定宗旨 诸君来此求学，必有一定宗旨，欲知宗旨之正大与否，必先知大学之性质。今人肄业专门学校，学成任事，此固势所必然。而在大学则不然，大学者，研究高深学问者也。外人每指摘本校之腐败，以求学于此者，皆有做官发财思想，故毕业预科者，多入法科，入文科者甚少，入理科者尤少，盖以法科为干禄之终南捷径也。因做官心热，对于教员，则不问其学问之浅深，惟问其官阶之大小。官阶大者，特别欢迎，盖为将来毕业有人提携也。现在我国精于政法者，多入政界，专任教授者甚少，故聘请教员，不得不聘请兼职之人，亦属不得已之举。究之外人指摘之当否，姑不具论。然弭谤莫如自修，人讥我腐败，而我不腐败，问心无愧，于我何损？果欲达其做官发财之目的，则北京不少专门学校，入法科者尽可肄业法律学堂，入商科者亦可投考商业学校，又何必来此大学？所以诸君须抱定宗旨，为求学而来。入法科者，非为做官；入商科者，非为致富。宗旨既定，自趋正轨。诸君肄业于此，或三年，或四年，时间不为不多，苟能爱惜光阴，孜孜求学，则其造诣，容有底止。若徒志在做官发财，宗旨既乖，趋向自异。平时则放荡冶游，考试则熟读讲义，不问学问之有无，惟争分数之多寡；试验既终，书籍束之高阁，毫不过问，敷衍三四年，潦草塞责，文凭到手，即可借此活动于社会，岂非与求学初衷大相背驰乎？光阴虚度，学问毫无，是自误也。且辛亥之役，吾人之所以革命，因清廷官吏之腐败。即在今日，吾人对于当轴多不满意，亦以其道德沦丧。今诸君苟不于此时植其基，勤其学，则将来万一因生计所迫，出而任事，担任讲席，则必贻误学生；置身政界，则必贻误国家。是误人也。误己误人，又岂本心所愿乎？故宗旨不可以不正大。此余所希望于诸君者一也。

二曰砥砺德行　方今风俗日偷，道德沦丧，北京社会，尤为恶劣，败德毁行之事，触目皆是，非根基深固，鲜不为流俗所染。诸君肄业大学，当能束身自爱。然国家之兴替，视风俗之厚薄。流俗如此，前途何堪设想。故必有卓绝之士，以身作则，力矫颓俗。诸君为大学学生，地位甚高，肩此重任，责无旁贷，故诸君不惟思所以感己，更必有以励人。苟德之不修，学之不讲，同乎流俗，合乎污世，己且为人轻侮，更何足以感人。然诸君终日伏首案前，营营攻苦，毫无娱乐之事，必感身体上之苦痛。为诸君计，莫如以正当之娱乐，易不正当之娱乐，庶于道德无亏，而于身体有益。诸君入分科时，曾填写愿书，遵守本校规则，苟中道而违之，岂非与原始之意相反乎？故品行不可以不谨严。此余所希望于诸君者二也。

三曰敬爱师友　教员之教授，职员之任务，皆以为诸君求学之便利，诸君能无动于衷乎？自应以诚相待，敬礼有加。至于同学共处一堂，尤应互相亲爱，庶可收切磋之效。不惟开诚布公，更宜道义相勖，盖同处此校，毁誉共之。同学中苟道德有亏，行有不正，为社会所訾詈，己虽规行矩步，亦莫能辩，此所以必互相劝勉也。余在德国，每至店肆购买物品，店主殷勤款待，付价接物，互相称谢，此虽小节，然亦交际所必需，常人如此，况堂堂大学生乎？对于师友之敬爱，此余所希望于诸君者三也。

余到校视事仅数日，校事多未详悉，兹所计划者二事：一曰改良讲义。诸君既研究高深学问，自与中学、高等不同，不惟恃教员讲授，尤赖一己潜修。以后所印讲义，只列纲要，细微末节，以及精旨奥义，或讲师口授，或自行参考，以期学有心得，能裨实用。二曰添购书籍。本校图书馆书籍虽多，新出者甚少，苟不广为购办，必不足供学生之参考，刻拟筹集款项，多购新书，将来典籍满架，自可旁稽博采，无虞缺乏矣。今日所与诸君陈说者只此，以后会晤日长，随时再为商榷可也。

1917年

导读 蔡元培在做这篇演说时的身份是北京大学校长,但他此前曾任过南京临时政府的教育总长,本文是从一位教育学者和教育官员的身份角度,向清华的学生提出希望。

在清华学校高等科演说词

两种感想 鄙人今日参观贵校,有两种感想:一为爱国心,一为人道主义。溯贵校之成立,远源于庚子之祸变。吾人对于往时国际交涉之失败,人民排外之蠢动,不禁愧耻,而油然生爱国之心,一也。美国以正义为天下倡,特别退还赔款,为教育人才之用,吾人因感其诚而益信人道主义之终可实现,二也。此二感想,同时涌现于吾心中。夫国家主义与人道主义,初若不相容者,如国家自卫,则不能不有常设之军队。而社会之事业,若交通,若商业,本以致人生之乐利。乃因国界之分,遂反生种种障碍,种种垄断。且以图谋国家生存、国力发展之故,往往不恤以人道为牺牲。欧洲战争,是其著例。吾人对现在国家之组织,断不能云满意,于是学者倡无政府主义,欲破坏政府之组织,以个人为单位,以人道为指归。国家主义与世界主义之不相容,盖如此矣。而何以在贵校所得之二感想,同时盘旋于吾心中?岂非以今日为两主义过渡之时代,吾人固同具此爱国心与人道。观念欤?国家主义与世界主义之过渡,求之事实而可征。今日世界慈善事业,若红十字会等组织,已全泯国界。各国工会之集合,亦以人类为一体。至思想学术,则世界所公,本无国别。凡此皆日趋大同之明证。将来理想之世界,不难推测而知矣。盖道德本有三级:(一)自他两利;(二)虽不利己而不可不利他;(三)绝对利他,虽损己亦所不恤。人与人之道德，有主张绝对利他，而今之国际道德，止于自他两利，故吾人不能不同时抱爱国心与人道主义。惟其为两主义过渡之时代，不能不调剂之，使不相冲突也。

对清华学生之希望 吾人之教育，亦为适应此时代之预备。清华学生，皆欲求高深之学问于国外，对于此将来之学者，尤不能无特别之希望，故更贡数言如下。

一曰发达个性 分工之理，在以己之所长，补人之所短，而人之所长，亦还以补我之所短。故人类分子，决不当尽归于同化，而贵在各能发达其特性。吾国学生游学他国者，不患其科学程度之不若人，患其模仿太过而消亡其特性。所谓特性，即地理、历史、家庭、社会所影响于人之性质者是也。学者言进化最高级为各具我性，次则各具个性。能保我性，则所得于外国之思想、言论、学术，吸收而消化之，尽为"我"之一部，而不为其所同化。否则留德者为国内增加几辈德人，留法者、留英者，为国内增加几辈英人、法人。夫世界上能增加此几辈有学问、有德行之德人、英人、法人，宁不甚善？无如失其我性为可惜也。往者学生出外，深受刺激，其有毅力者，或缘之而益自发愤；其志行稍薄弱者，即弃捐其"我"而同化于外人。所望后之留学者，必须以"我"食而化之，而毋为彼所同化。学业修毕，更遍游数邦，以尽吸收其优点，且发达我特性也。

二曰信仰自由 吾人赴外国后，见其人不但学术政事优于我，即品行风俗亦优于我，求其故而不得，则曰是宗教为之。反观国内，黑暗腐败，不可救疗，则曰是无信仰为之。于是或信从基督教，或以中国不可无宗教，而又不愿自附于耶教，因欲崇孔子为教主，皆不明因果之言也。彼俗化之美，仍由于教育普及，科学发达，法律完备。人人于因果律知之甚明，何者行之而有利，何者行之而有害，辨别之甚析，故多数人率循正轨耳。于宗教何与？至于社会上一部分之黑暗，何国蔑有，不可以观察未周而为悬断也。质言之，道德与宗教，渺不相涉。故行为不能极端自由，而信仰不可不自由。行为之标准，根于习惯；习惯之中，往往有并无善恶是非之可言，而社交上不能不率循之者。苟无必不可循之理由，而故与违反，则将受多数人无谓之嫌忌，而我固有之目的，将因之而不得达。故入境问禁，入国问俗，不能不有所迁就。此行为之不能极端自由也。若夫信仰则属之吾心，与他人毫无影响，初无迁就之必要。昔之宗教，本初民神话创造万物末日审判诸说，不合科学，在今日信者盖寡。而所谓与科学不相冲突之信仰，则不过玄学问题之一假定答语。不得此答语，则此问题终梗于吾心而不快。吾又穷思冥索而不得，则且于宗教哲学之中，择吾所最契合之答语，以相慰藉焉。孔之答语可也，耶之答语可也，其他无量数之宗教家、哲学家之答语亦可也。信仰之为用如此。既为聊相慰藉之一假定答语，吾必取其与我最契合者，则吾之抉择有完全之自由，且亦不能限于现在少数之宗教。故曰信仰期于自由也。明乎此，则可以勿眩于习闻之宗教说矣。

三曰服役社会　美洲有取缔华工之法律，虽由工价贱，而美工人不能与之竞争，致遭摈斥，亦由我国工人知识太低，行为太劣，而有以自取其咎。唐人街之腐败，久为世所诟病。留学生对于此不幸之同胞，有补救匡正之天职。欧洲留学界已有行之者，如巴黎之俭学会，对于法国招募华工，力持工价与法人平等及工人应受教育之议。俭学会并设一华工学校，授工人以简易国文、算术及法语，又刊《华工杂志》，用白话撰述，别附中法文对照之名词短语，以牖华工之知识。英国留学生亦有同样之事业，其所出杂志，定名《工读》。是皆于求学之暇，为同胞谋幸福者也。美洲华工，其需此种扶助尤急，而商人巨贾，不暇过问，惟待将来之学者急起图之耳。贵校平日对于社会服役，提倡实行，不遗余力，如校役夜课及通俗演讲等，均他校所未尝有。窃望常抱此主义，异日到美后，推行于彼处之华工，则造福宏矣。

1917 年

导读 作者在本文中强调要具有一定修养，不可不研究方法。北京高等师范学校校训为"诚勤勇爱"，要想做到这四点都有赖于科学而养成。

科学之修养
——在北京高等师范学校修养会演说词

鄙人前承贵校德育部之召，曾来校演讲；今又蒙修养会见召，敢述修养与科学之关系。

查修养之目的，在使人平日有一种操练，俾临事不致措置失宜。盖吾人平日遇事，常有计较之余暇，故能反复审虑，权其利害是非之轻重而定取舍。然若至仓促之间，事变横来，不容有审虑之余地，此时而欲使诱惑、困难不能隳其操守，非于修养有素不可，此修养之所以不可缓也。

修养之道，在平日必有种种信条：无论其为宗教的或社会的，要不外使服膺者储蓄一种抵抗之力，遇事即可凭之以定抉择。如心所欲作而禁其不作，或心所不欲而强其必行，皆依于信条之力。此种信条，无论文明、野蛮民族均有之。然信条之起，乃由数千万年习惯所养成；及行之既久，必有不适之处，则怀疑之念渐兴，而信条之效力遂失。此犹就其天然者言也。乃若古圣先贤之格言嘉训，虽属人造，要亦不外由时代经验归纳所得之公律，不能不随时代之变迁而易其内容。吾人今日所见为嘉言懿行者，在日后或成故纸；欲求其能常系人之信仰，实不可能。由是观之，则吾人之于修养，不可不研究其方法。在昔吾国哲人，如孔、孟、老、庄之属，均曾致力于修养，而宋、明儒者尤专力于此。然学者提倡虽力，卒不能使天下之人尽变为良善之士，可知修养亦无一定之必可恃者也。至于吾人居今日而言修养，则尤不能如往古道家之蛰影深山，不闻世事。盖今日社会愈进，世务愈繁。已入社会者，固不能舍此而他从；即未入社会之学校青年，亦必从事于种种学问，为将来入世之准备。其责任之繁重如是，故往往易为外务所缚，无精神休暇之余地，常易使人生观陷于悲观厌世之域，而不得志之人为尤甚。其故即在现今社会与从前不同。欲补救此弊，须使人之精神有张有弛。如作事之后，必继之以睡眠，而精神之疲劳，亦必使有机会得以修养。此种团体之结合，尤为可喜之事。但鄙人以为修养之致力，不必专限于集会之时，即在平时课业中亦可利用其修养。故特标此题曰："科学的修养。"

今即就贵会之修养法逐条说明，以证科学的修养法之可行。如贵会简章有"力行校训"一条。贵校校训为"诚勤勇爱"四字。此均可于科学中行之。如"诚"字之义，不但不欺人而已，亦必不可为他人所欺。盖受人之欺而不自知，转以此说复诏他人，其害与欺人者等也。是故吾人读古人之书，其中所言苟非亲身实验证明者，不可轻信；乃至极简单之事实，如一加二为三之数，亦必以实验证明之。夫实验之用最大者，莫如科学。譬如报纸记事，臧否不一，每使人茫无适从。科学则不然。真是真非，丝毫不能移易。盖一能实验，而一不能实验故也。由此观之，科学之价值即在实验。是故欲力行"诚"字，非用科学的方法不可。

其次"勤"：凡实验之事，非一次所可了。盖吾人读古人之书而不慊于心，乃出之实验。然一次实验之结果，不能即断其必是，故必继之以再以三，使有数次实验之结果。如不误，则可以证古人之是否；如与古人之说相刺谬，则尤必详考其所以致误之因，而后可以下断案。凡此者反复推寻，不惮周详，可以养成勤劳之习惯。故"勤"之力行亦必依赖夫科学。

再次"勇"：勇敢之意义，固不仅限于为国捐躯、慷慨赴义之士，凡作一事，能排万难而达其目的者，皆可谓之勇。科学之事，困难最多。如古来科学家，往往因试验科学致丧其性命，如南北极及海底探险之类。又如新发明之学理，有与旧传之说不相容者，往往遭社会之迫害，如哥白尼、贾利来之惨祸。可见研究学问，亦非有勇敢性质不可；而勇敢性质，即可于科学中养成之。大抵勇敢性质有二：其一发明新理之时，排去种种之困难阻碍；其二，既发明之后，敢于持论，不惧世俗之非笑。凡此二端，均由科学所养成。

再次"爱"：爱之范围有大小。在野蛮时代，仅知爱自己及与己最接近者，如家庭之类。此外稍远者，辄生嫌忌之心。故食人之举，往往有焉。其后人智稍进，爱之范围渐扩，然犹不能举人我之见而悉除之。如今日欧洲大战，无论协约方面或德奥方面，均是己非人，互相仇视，欲求其爱之普及甚难。独至于学术方面则不然：一视同仁，无分畛域；平日虽属敌国，及至论学之时，苟所言中理，无有不降心相从者。可知学术之域内，其爱最溥。又人类嫉妒之心最盛，入主出奴，互为门户。然此亦仅限于文学耳；若科学，则均由实验及推理所得唯一真理，不容以私见变易一切。是故嫉妒之技无所施，而爱心容易养成焉。

以上所述，仅就力行校训一条引申其义。再阅简章，有静坐一项。此法本自道家传来。佛氏之坐禅，亦属此类。然历年既久，卒未普及社会；至今日日本之提倡此道者，纯以科学之理解释之。吾国如蒋竹庄先生亦然，所以信从者多，不移时而遍于各地。此亦修养之有赖于科学者也。

又如不饮酒、不吸烟二项，亦非得科学之助力不易使人服行。盖烟酒之嗜好，本由人无正当之娱乐，不得已用之以为消遣之具，积久遂成痼疾。至今日科学发达，娱乐之具日多，自不事此无益之消遣。如科学之问题，往往使人兴味加增，故不感疲劳而烟酒自无用矣。

今日所述，仅感想所及，约略陈之。惟宜注意者，鄙人非谓学生于正课科学之外，不必有特别之修养，不过正课之中，亦不妨兼事修养，俾修养之功，随时随地均能用力，久久纯熟，则遇事自不致措置失宜矣。

1919年

导读 杜威的实用主义理论在中国有广泛而巨大的影响，蔡元培虽然不是杜威的弟弟，但却非常认同杜威的很多教育理念。在本文中，蔡元培借杜威与孔子生日相同这一巧合，将孔子与杜威的教育思想进行比较，得出了孔子与杜威的教育思想有很多一致的结论。

杜威六十岁生日晚餐会演说词

今日是北京教育界四团体公祝杜威博士六十岁生日的晚餐会。我以代表北京大学的资格，得与此会，深为庆幸。我所最先感想的，就是博士与孔子同一生日，这种时间的偶合，在科学上没有什么关系；但正值博士留滞我国的时候，我们发现这相同的一点，我们心理上不能不有特别感想。

博士不是在我们大学说：现今大学的责任，就该在东西文明做媒人么？又不是说：博士也很愿分负此媒人的责任么？博士的生日，刚是第六十次；孔子的生日，已经过二千四百七十次，就是四十一又十个六十次，新旧的距离很远了。博士的哲学，用十九世纪的科学作根据，用孔德的实证哲学、达尔文的进化论、詹美士的实用主义递演而成的，我们敢认为西洋新文明的代表。孔子的哲学，虽不能包括中国文明的全部，却可以代表一大部分；我们现在暂认为中国旧文明的代表。孔子说尊王，博士说平民主义；孔子说女子难养，博士说男女平权；孔子说述而不作，博士说创造。这都是根本不同的。因为孔子所处的地位、时期，与博士所处的地位、时期，截然不同；我们不能怪他。

但我们既然认旧的亦是文明，要在他里面寻出与现代科学精神不相冲突的，非不可能。即以教育而论，孔子是中国第一个平民教育家。他的三千个弟子，有狂的，有狷的，有愚的，有鲁的，有辟的，有喭的，有富的如子贡，有贫的如原宪；所以东郭、子思说他太杂。这是他破除阶级的教育的主义。他的教育，用礼、乐、射、御、书、数的六艺作普通学；用德行、政治、言语、文学的四科作专门学。照《论语》所记的，同（问）仁的有若干，他的答语不一样；问政的有若干，他的答语也不是一样。这叫作是"因材施教"。可见他的教育，是重在发展个性，适应社会，决不是拘泥形式，专讲画一的。孔子说："学而不思则罔，思而不学则殆。"这就是经验与思想并重的意义。他说："多闻阙疑，慎言其余，多见阙殆，慎行其余。"这就是试验的意义。

我觉得孔子的理想与杜威博士的学说，很有相同的点。这就是东西文明要媒合的证据了。但媒合的方法，必先要领得西洋科学的精神，然后用他来整理中国的旧学说，才能发生一种新义。如墨子的名学，不是曾经研究西洋名学的胡适君，不能看得十分透澈，就是证据。孔子的人生哲学与教育学，不是曾研究西洋人生哲学与教育学的，也决不能十分透澈，可以适用于今日的中国。所以我们觉得返忆旧文明的兴会，不得欢迎新文明的浓挚。因而对于杜威博士的生日，觉得比较那尚友古人，尤为亲切。自今以后，孔子生日的纪念，再加了几次或几十次，孔子已经没有自身活动的表示；一般治孔学的人，是否于社会上有点贡献是一个问题。博士的生日，加了几次以至几十次，博士不绝的创造，对于社会上必更有多大的贡献。这是我们用博士已往的历史可以推想而知的。兼且我们做孔子生日的纪念，与孔子没有直接的关系；我们做博士生日的庆祝，还可以直接请博士的赐教。所以对于博士的生日，我们觉得尤为亲切一点。我敬敢代表北京大学全体举一觞，祝杜威博士万岁！

1919年

导读 蔡元培认为，正处在文化进步中的中国社会，尤其要普及美术教育，不仅要有专门训练美术、音乐、优伶等学校，在大学中也该设立美育的讲座或研究所，同时要面向全社会进行普及。

文化运动不要忘了美育

现在文化运动，已经由欧美各国传到中国了。解放呵！创造呵！新思潮呵！新生活呵！在各种周报上，已经数见不鲜了。但文化不是简单，是复杂的；运动不是空谈，是要实行的。要透澈复杂的真相，应研究科学。要鼓励实行的兴会，应利用美术。科学的教育，在中国可算有萌芽了。美术的教育，除了小学校中机械性的音乐、图画以外，简截可说是没有。

不是用美术的教育，提起一种超越利害的兴趣，融合一种画分人我的僻见，保持一种永久平和的心境；单单凭那个性的冲动，环境的刺激，投入文化运动的潮流，恐不免有下列三种的流弊：（一）看得很明白，责备他人也很周密，但是到了自己实行的机会，给小小的利害绊住，不能不牺牲主义。（二）借了很好的主义作护身符，放纵卑劣的欲望；到劣迹败露了，叫反对党把他的污点，影射到神圣主义上，增了发展的阻力。（三）想有简单的方法，短少的时间，达他的极端的主义；经了几次挫折，就觉得没有希望，发起厌世观，甚且自杀。这三种流弊，不是渐渐发见了么？一般自号觉醒的人，还能不注意么？

文化进步的国民，既然实施科学教育，尤要普及美术教育。专门练习的，既有美术学校、音乐学校、美术工艺学校、优伶学校等，大学校又设有文学、美学、美术史、乐理等讲座与研究所。普及社会的，有公开的美术馆或博物院，中间陈列品，或由私人捐赠，或用公款购置，都是非常珍贵的。有临时的展览会，有音乐会，有国立或公立的剧院，或演歌舞剧，或演科白剧，都是由著名的文学家、音乐家编制的。演剧的人，多是受过专门教育、有理想、有责任心的。市中大道，不但分行植树，并且间以花畦，逐次移植应时的花。几条大道的交叉点，必设广场，有大树，有喷泉，有花坛，有雕刻品。小的市镇，总有一个公园。大都会的公园，不只一处。又保存自然的林木，加以点缀，作为最自由的公园。一切公私的建筑，陈列器具，书肆与画肆的印刷品，各方面的广告，都是从美术家的意匠构成。所以不论哪一种人，都时时刻刻有接触美术的机会。我们现在，除文字界稍微有点新机外，别的还有什么？书画是我们的国粹，都是模仿古人的。古人的书画，是有钱的收藏了，作为奢侈品，不是给人人共见的。建筑雕刻，没有人研究。在嚣杂的剧院中，演那简单的音乐，卑鄙的戏曲。在市街上散步，只见飞扬尘土，横冲直撞的车马，商铺门上贴着无聊的春联，地摊上出售那恶俗的花纸。在这种环境中讨生活，怎么能引起活泼高尚的感情呢？所以我很望致力文化运动诸君，不要忘了美育。

1919年

导读 何谓文化？蔡元培认为：文化是人生发展的状态，同时文化是活的，是要时时进行的，是意志活动的现象。蔡元培同时认为：教育并不专在学校，学校之外，还有许多机关，他进而提出兴建图书馆、博物馆，设立研究所，举办展览会、音乐会，发展戏剧电影，出版书籍报刊等繁荣文化的措施。

何谓文化

我没有受过正式的普通教育，曾经在德国大学听讲，也没有毕业，哪里配在学术讲演会开口呢？我这一回到湖南来，第一，是因为杜威、罗素两先生，是世界最著名的大哲学家，同时到湖南讲演，我很愿听一听。第二，是我对于湖南，有一种特别感想。我在路上，听一位湖南学者说："湖南人才，在历史上比较的很寂寞，最早的是屈原；直到宋代，有个周濂溪；直到明季，有个王船山，真少得很。"我以为蕴蓄得愈久，发展得愈广。近几十年，已经是湖南人发展的时期了。可分三期观察：一是湘军时代：有胡林翼、曾国藩、左宗棠及同时死战立功诸人。他们为满清政府尽力，消灭太平天国，虽受革命党菲薄，然一时代人物，自有一时代眼光，不好过于责备。他们为维持地方秩序，保护人民生命，反对太平，也有片面的理由。而且清代经康熙、雍正以后，汉人信服满人几出至诚。直到湘军崛起，表示汉人能力，满人的信用才丧尽了。这也是间接促成革命。二是维新时代：梁启超、陈宝箴、徐仁铸等在湖南设立时务学堂，养成许多维新的人才，戊戌政变，被害的六君子中，以谭嗣同为最。他那思想的自由、眼光的远大，影响于后学不浅。三是革命时代：辛亥革命以前，革命党重要分子，湖南人最多，如黄兴、宋教仁、谭人凤等，是人人知道的。后来洪宪一役，又有蔡锷等恢复共和。已往的人才，已经如此热闹，将来宁可限量？此次驱逐张敬尧以后，励行文治，且首先举行学术讲演会，表示凡事推本学术的宗旨，尤为难得。我很愿来看看。这是我所以来的缘故。已经来了，不能不勉强说几句话。我知道湖南人对于新文化运动，有极高的热度。但希望到会诸君想想，哪一项是已经实行到什么程度？应该什么样的求进步？

文化是人生发展的状况，所以从卫生起点，我们衣食住的状况，较之茹毛饮血、穴居野处的野蛮人，固然是进化了。但是我们的着衣吃饭，果然适合于生理么？偶然有病能不用乩方药签与五行生克等迷信，而利用医学药学的原理么？居室的光线空气，足用么？城市的水道及沟渠，已经整理么？道路虽然平坦，但行人常觉秽气扑鼻，可以不谋改革么？

卫生的设备，必需经费，我们不能不联想到经济上。中国是农业国，湖南又是产米最多的地方；俗语说"湘广熟，天下足"，可以证明。但闻湖南田每亩不过收谷三石，又并无副产。不特不能与欧美新农业比较，就是较之江浙间每亩得米三石，又可兼种蔬麦等，亦相差颇远。湖南富有矿产，有铁、有锑、有煤。工艺品如绣货、瓷器，亦皆有名。现在都还不大发达。因为交通不便，输出很不容易。考湖南面积比欧洲的瑞士、比利时、荷兰等国为大，彼等有三千以至七千启罗迈当的铁路，而湖南仅占有粤汉铁路的一段，尚未全筑。这不能不算是大缺陷。

经济的进化，不能不受政治的牵制。湖南这几年，政治上苦痛，终算受足了。幸而归到本省人的手，大家高唱自治，并且要从确定省宪法入手，这真是湖南人将来的生死关头。颇闻为制宪机关问题，各方面意见不同，此事或不免停顿。要是果有此事，真为可惜。还望大家为本省全体幸福计，彼此排除党见，协同进行，使省宪法得早日产出，自然别种政治问题，都可迎刃而解了。

近年政治家的纠纷，全由于政客的不道德，所以不能不兼及道德问题。道德不是固定的，随时随地，不能不有变迁，所以他的标准，也要用归纳法求出来。湖南人性质沈毅，守旧时固然守得很凶，趋新时也趋得很急。遇事能负责任，曾国藩说的"扎硬寨，打死仗"，确是湖南人的美德。但也有一部分的人似带点夸大、执拗的性质，是不可不注意的。

上列各方面文化，要他实行，非有大多数人了解不可，便是要从普及教育入手。罗素对于俄国布尔塞维克的不满意，就是少数专制多数。但这个专制，是因多数未受教育而起的。凡一种社会，必先有良好的小部分，然后能集成良好的大团体。所以要有良好的社会，必先有良好的个人，要有良好的个人，就要先有良好的教育。教育并不是专在学校，不过学校是严格一点，最初自然从小学入手。各国都以小学为义务教育，有定为十年的，有八年的，至少如日本，也有六年。现在有一种人，不满足于小学教育的普及，提倡普及大学教育。我们现在这小学教育还没有普及，还不猛进么？

若定小学为义务教育，小学以上，尚应有一种补习学校。欧洲此种学校，专为已入工厂或商店者而设，于夜间及星期日授课。于普通国语、数学而外，备有各种职业教育，任学者自由选习。德国此种学校，有预备职业到二百余种的。国中有一二邦，把补习教育规定在义务教育以内，至少二年。我们学制的乙种实业学校，也是这个用意，但仍在小学范围以内。于已就职业的人，不便补习。鄙意补习学校，还是不可省的。

进一步，是中等教育。我们中等教育，本分两系：一是中学校，专为毕业后再受高等教育者而设；一是甲种实业学校，专为受中等教育后即谋职业者而设。学生的父兄沿了科举时代的习惯，以为进中学与中举人一样，不筹将来能否再进高等学校，姑令往学。及中学毕业以后，即令谋生，殊觉毫无特长，就说学校无用。有一种教育家，遂想在中学里面加职业教育，不知中等的职业教育，自可在甲种实业学校中增加科目，改良教授法；初不必破坏中学本体。又现在女学生愿受高等教育的，日多一日，各地方收女生的中学很少，湖南只有周南代用女子中学校一所，将来或增设女子中学，或各中学都兼收女生，是不可不实行的。

再进一步，是高等教育。德国的土地，比湖南只大了一倍半，人口多了两倍，有大学二十。法国的土地，比湖南大了一倍半，人口也只多了一倍半，有大学十六。别种专门学校，两国都有数十所。现在我们不敢说一省，就全国而言，只有国立北京大学，稍为完备，如山西大学、北洋大学，规模都还很小。尚有外人在中国设立的大学，也是有名无实的居多。以北大而论，学生也只有两千多人，比较各国都城大学学生在万人以上的，就差得远了。湖南本来有工业、法政等专门学校，近且筹备大学。为提高文化起见，不可不发展此类高等教育。

教育并不专在学校，学校以外，还有许多的机关。第一是图书馆。凡是有志读书而无力买书的人，或是孤本、抄本，极难得的书，都可以到图书馆研究。中国各地方差不多已经有图书馆，但往往只有旧书，不添新书。并且书目的编制，取书的方法，借书的手续，都不便利于读书的人，所以到馆研究的很少。我听说长沙有一个图书馆，不知道内容什么样。

其次是研究所。凡大学必有各种科学的研究所，但各国为便利学者起见，常常设有独立的研究所。如法国的巴斯笃研究所，专研究生物化学及微生物学，是世界最著名的。美国富人，常常创捐基金，设立各种研究所，所以工艺上新发明很多。我们北京大学，虽有研究所，但设备很不完全。至于独立的研究所，竟还没有听到。

其次是博物院。有科学博物院，或陈列各种最新的科学仪器，随时公开讲演，或按着进化的秩序，自最简单的器械，到最复杂的装置，循序渐进，使人一览了然。有自然历史博物院，陈列矿物及动植物标本，与人类关于生理病理的遗骸，可以见生物进化的痕迹，及卫生的需要。有历史博物院，按照时代，陈列各种遗留的古物，可以考见本族渐进的文化。有人类学博物院，陈列各民族日用器物、衣服、装饰品以及宫室的模型、风俗的照片，可以作文野的比较。有美术博物院，陈列各时代各民族的美术品，如雕刻、图画、工艺、美术，以及建筑的断片等，不但可以供美术家的参考；并可以提起普通人优美高尚的兴趣。我们北京有一个历史博物馆，但陈列品很少。其余还没有听到的。

其次是展览会。博物院是永久的，展览会是临时的。最通行的展览会，是工艺品、商品、美术品，尤以美术品为多。或限于一个美术家的作品，或限于一国的美术家，或征及各国的美术品。其他特别的展览会，如关于卫生的、儿童教育的，还多。我们前几年在南京开过一个劝业会，近来在北京、上海，开了几次书画展览会，其余殊不多见。

其次是音乐会。音乐是美术的一种，古人很重视的。古书有《乐经》、《乐记》。儒家礼、乐并重，除墨家非乐外，古代学者，没有不注重音乐的。外国有专门的音乐学校，又时有盛大的音乐会。就是咖啡馆中，也要请几个人奏点音乐。我们全国还没有一个音乐学校，除私人消遣，沿照演旧谱，婚丧大事，举行俗乐外，并没有新编的曲谱，也没有普通的音乐会，这是文化上的大缺点。

其次是戏剧。外国的剧本，无论歌词的、白话的，都出自文学家手笔。演剧的人，都受过专门的教育。除了最著名的几种古剧以外，时时有新的剧本。随着社会的变化，时有适应的剧本，来表示一时代的感想。又发表文学家特别的思想，来改良社会，是最重要的一种社会教育的机关。我们各处都有戏馆，所演的都是旧剧。近来有一类人想改良戏剧，但是学力不足，意志又不坚定，反为旧剧所同化，真是可叹。至于影戏的感化力，与戏剧一样，传布更易。我们自己还不能编制，外国输入的，又不加取缔，往往有不正当的片子，是很有流弊的。

其次是印刷品，即书籍与报纸。他们那种类的单复，销路的多寡，与内容的有无价值，都可以看文化的程度。贩运传译，固然是文化的助力，但真正文化是要自己创造的。

以上将文化的内容，简单地说过了。尚有几句紧要的话，就是文化是要实现的，不是空口提倡的。文化是要各方面平均发展的，不是畸形的。文化是活的，是要时时进行的，不是死的，可以一时停滞的。所以要大家在各方面实地进行，而且时时刻刻地努力，这才可以当得文化运动的一句话。

1921年

导读 美育是培养学生健康的审美观，发展学生鉴赏和创造美的能力的教育。蔡元培先生不仅是美育一词的翻译者，更是最早在中国社会提倡美育的教育家之一，本文是他对中国早期开展美育教育的回顾，也是蔡元培自己切身的感悟。

二十五年来中国之美育

美育的名词，是民国元年我从德文的Äslhetische Erziehung译出，为从前所未有。在古代说音乐的，说文学的，说书画的，都说他们有陶冶性情的作用，就是美育的意义；不过范围较小，教育家亦未曾作普及的计划；最近二十五年，受欧洲美术教育的影响，始着手于各方面的建设，虽成绩不甚昭著，而美育一名词，已与智育、德育、体育等，同为教育家所注意，这不能不算是二十五年的特色。今把具体的事项，分别叙述于后。

一 造形美术

（甲）美术学校 现在国立的美术学校有二，私立的各地多有，但在教育部有案可稽的很少，而一时亦未及征集概况，大抵是二十五年以内次第设立的，要以上海美术专门学校为最早。

（子）私立上海美术专门学校——民国元年十一月，武进刘海粟设上海图画美术院于上海乍浦路，发表宣言如下：

"一、我们要发展东方固有的美术；研究西方艺术的精英。

二、我们要在残酷无情，干枯、堕落的社会里，尽宣传艺术的责任，把固有的创造精神恢复。"

对于创造美术学校的旨趣，可称扼要，是院于二年三月开课，仅设绘画科两班，学生十二人。是年七月，于正科外，设选科。三年，改绘画科为西洋画科。四年一月，增设艺术师范科。九年四月，更名上海美术学校，规定设中国画科、西洋画科、工艺图案科、雕塑科、高级师范科、初级师范科，凡六科，学生三百人。是年六月，设暑期学校，兼收女生。十年八月，奉教育部令，定名上海美术专门学校。十二年五月，建西洋画科新校舍于徐家汇路，十二月，改中国画科为中国画系，十三年，改造师范部校舍，改高等师范科为艺术教育系，同时开办雕塑系。十四年十月，建存天院为西洋画教室，并于第二层楼设存天阁，陈列古物名画，是时雕塑系无学生，停办。十九年开学时，有中国画系、西洋画系、艺术教育系、音乐系四系，学生五百人。

（丑）国立北平大学艺术学院——民国七年，教育部始设北京美术学校于北京西城，设绘画、图案两科，以郑锦为校长。九年，设专门部之图画、手工师范科。十一年，改称北京美术专门学校，设国画、西画、图案三系，并图画手工师范系。十四年，刘哲、陈延龄相继长校。十五年二月，又改名国立艺术专门学校，增设音乐。戏剧两系，以林风眠为校长。十六年十月，风眠辞职。十七年，编入国立北平大学，名艺术学院，以徐悲鸿为院长，旋即辞职，以北平大学副校长李书华兼院长，恢复音乐、戏剧二系，增设建筑系，改图案系为实用美术系，合国画、西画两系，共成立六系，男、女学生三百五十名。十八年八月，教育部令改为北京艺术专科学校，因校中延未改组，部令自十九年度起，停止招生，逐渐结束；在结束期间，暂用旧名，隶属国立北平大学云。

（寅）同立杭州艺术专科学校——民国十七年三月，大学院设艺术院于杭州，得浙江省政府的许可，以西湖滨之罗苑为校舍，不足，附加以照胆台、三贤祠、苏、白二公祠等。以林风眠为院长，设中国画、西洋画、雕塑、图案四系，而外国语用法文。秋，合并中国画、西洋画为绘画系。其所用标语为：

> "介绍西洋艺术；
> 整理中国艺术；
> 调和中西艺术，
> 创造时代艺术。"

甚合吾国现代艺术教育之旨趣。十八年十月，奉教育部令，改为美术专科学校。开学时，学生不过六十人，现已增至二百二十六人。开学时，校中设有研究班，为本校教员及已在美术学校毕业而更求深造者的共同研究的机关，近因与专科学校规程不合，殆将停办。又兹校自十八年度起，规定无论何系学生，第一年均习木炭画，即预备于绘画科中专习中国画者，亦从木炭画入手，为将来改进中国画之基础云。印有《亚波罗》月刊。

（卯）国立中央大学教育学院的艺术教育科及艺术专修科——艺术教育科分国画、西洋画、手工、音乐四组，均四年毕业。艺术专修科分图画、工艺、音乐三组，为培养中等学校师资而设，三年毕业。本科以李祖鸿为主任，以吕澂、徐悲鸿、唐学泳等为副教授。

（辰）中国画学研究会——此会为民国七八年间，周肇祥、陈衡恪、金绍城等所发起，九年成立，设在北京达子庙欧美同学会。会员三十余人，分人物、山水、花鸟、界画四门。其教授，以精研古法、博择新知为主旨。研究员，不分男女，以能画及经有正当职业之人介绍，以作品送会审查，认为可以造就者为合格；五年期满，成绩优良者，给证书，升充助教。十一年，迁会所于中央公园。现任会长周肇祥，北京画界前辈，多任评议员。有研究员二百余人。研究员升充助教者二十余人。其研究毕业而在各学校充教员、导师及组织美术团体者颇多。曾开成绩展览会七次。发行《艺苑》旬刊。

（巳）艺苑的绘画研究所——十七年十月十日，江小鹣，张辰伯、朱屺瞻，王济远等，设绘画研究所于上海林荫路之艺苑。他所发表的旨趣是："增进艺术旨趣，提高研究精神，发扬固有文化，培养专门人才。"科目先设西洋画，分油画、水彩画、素描三科，人数以三十人为限。（1）研究员十五人，容纳一般画家自由制作。（2）研究生十五人，对于绘画有深切之嗜好者，共同习作。

（乙）博物院 最近期间，各地方多有古物保存所之设立，使古代美术，不致散失，且可备参观者欣赏，但规模均小。其内容较为丰富的，是北平的古物陈列所与故宫博物院。

（子）古物陈列所——成立于民国初年，设于乾清门外之太和、中和、保和及文华、武英等殿，以奉天、热河两行宫之物品充之，书画占最多数，更番陈列，其他磁、漆、金、玉之器，亦为外间所寡有的。

（丑）故宫博物院——成立于十四年十月，设于乾清门内各宫殿。分中、东、西三路：中路有乾清宫、交泰殿、坤宁宫，再后为御花园，亭台楼阁甚多。东路为景仁、承乾、锺粹、延禧、永和、景阳六宫，其南为毓庆宫及斋宫，红墙外有奉先殿，东北有玄穹宝殿及库房等。西路有永寿、翊坤、储秀、启祥、长春、咸福六宫，其南为养心殿。西六宫之北为重华宫，西为建福宫。建福宫南为抚辰殿、延庆殿。再南为雨花阁。雨花阁后为西花园。红墙外，东面为外东路，有宁寿宫，其西北角有山石园林之胜。西面为外西路，有寿安、寿康、慈宁等宫殿，再南有慈宁花园，故宫的建筑及园林，均有美术的价值，昔为清皇室所占有，自十四年后，次第开放，公堵民众。

至于宫中的物品，除书籍及档册外，美术品甚多：

（天）书画 书画之大多数，存于斋宫及锺粹宫两处，共八千余件，多为唐、宋、元、明真迹，其他散于各殿庭者亦不少。中如王羲之快雪时晴，怀素自叙，过庭书谱，吴道子画像，宋徽宗听琴图，郎世宁百骏图等，皆其特出之件。

（地）陶磁 陶磁当以景阳宫及景祺阁两处之收藏品为最精。中国古代名窑之磁，应有尽有，数约六千余件。清磁如所谓古月轩者，存于乾清宫东廊；库房及养心殿，亦有数百件。此外，各宫收藏及陈列之陶器，不下数十万件。新磁及日用之官窑，尚未计及焉。

（玄）铜器　古铜器为散氏盘，新莽嘉量，均为世间不可多见之物，此外，商、周彝鼎，著名者数百件。馀如汤若望、南怀仁等所制之仪器，多有存者。

（黄）玉器　玉器中，以宁寿宫、乐寿堂中寿山福海及镂刻大禹治河图之白玉山，乾清宫之大玉钢及玉马为巨制。其他小件，或以润泽胜，或以镂刻见长，数亦以万汁。

馀如琥珀、玛瑙、珊瑚及各种宝石、象牙之匜洗壶尊，间有质薄如纸，外有镂空玲珑花鸟者，或有用整料镂分十数层者。此外，番经番佛；尤无量数。古砚、笔、墨、缂丝及景泰蓝屏幛等，亦多精品，且有宋、元之物。印有《故宫月刊》。

（丙）展览会　美术学校与研究所均为培养美术家而设，本没有直接普及民众之目的。较易普及的，是展览会，北京自美术学校设立后，时有团体与个人的展览会，上海亦然。其规模较大者有二：

（子）艺术大会——是会为北京艺术专门学校校长林风眠等所发起，除造形艺术外，并包有音乐、戏剧，于十六年五月十一日开幕，出品在三千件以上，并有音乐演奏及五五剧社、形艺社及青年俱乐部的演剧，有海灯、糊涂、西洋画会、形艺社、五五剧社、漫画社、四川艺术学社等特刊；而北京各日报，如《晨报》、《世界日报》等，均特辟画报，可谓备宣传之盛。至六月三日，始闭幕。

（丑）全国美术展览会——十六年冬，大学院设艺术教育委员会，委以全国美术展览会之筹备。十七年十一月，因大学院已改组为教育部，兹会即隶属于教育部，教育部又别组委员会办理之，会场设上海普育堂，十八年四月十日开会，一个月而毕。所陈列的，第一部，书画，一千二百三十一件；第二部，金石，七十五件；第三部，西画，三百五十四件；第四部，雕塑，五十七件；第五部，建筑，三十四件；第六部，工艺美术，二百八十八件；第七部，美术摄影，二百七十七件。又有日本美术家出品八十件。每日并有收藏家分别借陈之书画。于开会时出《美展》三日刊，会毕后，有正书局印有《美展》特刊，分古，今两册。此次展览，每一人之作品，在每部中，以五件为限，故陈列品之数止于此。而其中以国粹的书画占过半数。又以我国尚未有美术馆以陈列古代作品，故乘此机会而为一部分的展览，正是过渡时代的现象。

此次展览会中，虽有建筑一部，所陈列的，并非都是创作，其中创作的几种图样，大抵纯粹的欧美式。十余年前，有美国建筑家颇以欧美式建筑，与吾国普通建筑的环境，不可调和，引为遗憾，乃创一种内部用欧式，而外形仍用华式的新式，初试用于南京的金陵大学与金陵女子大学，继又试用于北平的协和医院及燕京大学。最近，则首都铁道部新建筑，亦采用此式。以金陵女子大学为最美观。

（丁）摄影术　摄影术本为科学上致用的工具，而取景传神，参以美术家意匠者，乃与图画相等。欧洲此风渐盛，我国亦有可记者：

（子）光社——设于北平，十二年，陈万里、黄振玉等所发起，初名艺术写真研究会。十三年，改名光社，吴郁周、钱景华、刘半农等均为重要分子，每年在中央公园董事会开展览会，观众在万人以上。十六年出年鉴第一集，十七年出年鉴第二集。

（丑）华社——设上海，成立于十六年，曾开展览会数次，印刷品有社员《郎静山摄影集》。

（寅）摄影杂志——上海天鹏艺术会印有《天鹏摄影杂志》。

（戊）美术品印本

（子）书画摹印——摹印古代书画，始于邓实的神州国光社，文明书局及有正书局继之，其后，商务印书馆与中华书局都有这种印本，并于碑帖画册以外，兼及屏联堂幅，于是向来有力者收藏之品，得以普及于民众。其专印新式图画及雕刻的，有李金发所编的《美育》杂志，已出至第三期。

（丑）图画期刊——以图画为主，文字为副，定期刊行的，始于良友图书公司之《良友》，自十五年起，现已出至四十余册。继之而起的，有《文华》与《时代画报》等。又日报中，有《时报》者，每日均有《图画时报》。

二 音 乐

（甲）音乐学校　民国十六年十月，大学院始设国立音乐院，以蔡元培为院长，萧友梅为教务长。十八年七月，教育部修改大学组织法，改组音乐院为音乐专科学校，以萧友梅为校长。校中设预科、本科，并附设师范科。本科分理论作曲、钢琴、提琴及声乐四组，初学各生入学后，第一年内不分组。又有选科，专为对于音乐曾有研究、欲继续专攻一门者而没。

（乙）传习所　当音乐院未成立以前，民国八年，北京大学学生设有音乐研究会，由大学延请导师，指导各项乐器的练习。十一年秋，改办音乐传习所，先设师范科。十五年夏，第一班学生毕业者十二人。十六年，刘哲长教育部，传习所停办。

九年，北京女子高等师范学校设音乐科，以萧友梅为主任。十三年，第一班学生毕业。是校改名女子师范大学，复招第二班音乐科学生，十八年毕业。

（丙）国乐训练

北平国乐改进社，为刘天华等所设立。

上海大同乐会，成立于民国八年，为郑觐文所创设，自制古乐器，已有八十种，考定而待制者，尚有六十余种。取古代著名乐曲，如霓裳六么等，详细探讨，实施演奏。又改编铙歌大予等乐曲，为国民大乐十二章，已熟练者五章：一曰《大中华》，二曰《神州气象》，三曰《一统山河》，四曰《锦绣乾坤》，五曰《风云际会》。其所养成之会员百余人，以习古琴、琵琶者为最多云。

（丁）**演奏会** 十二年，萧友梅召集前海关管弦乐队之一部，加以训练，在北京大学及其他各校先后演奏管弦乐，凡四十次，颇受北京人之欢迎。

上海自音乐院成立以来，曾举行教员演奏大会二次，学生演奏会七次，本年，又由一部分教员组织细乐演奏会，每月举行一次。

（戊）**音乐杂志** 九年一月，北京大学之音乐研究会编印《音乐杂志》，十一年停办。十七年一月，国乐改进社又编印《音乐杂志》。十九年，音乐专科学校编印《乐艺》季刊。

三 文 学

（甲）**新文学概况** 文学革命的风潮，托始于《新青年》。在二十五年前，曾有一时期，各省均办白话报，以林獬（后改名林万里）、陈敬第等所主持之杭州《白话报》为最著，然当时不过以白话为通俗教育的工具，并不认为文学。自《新青年》时代，胡适、陈独秀、钱玄同、周作人等，始排斥文言的文学，而以白话文为正宗的文学，其中尤以胡适为最猛进，作《白话文学史》，以证明白话的声价，于是白话散文，遂取向日所谓古文者而代之。至于白话诗与剧本，虽亦有创作与翻译的尝试，但未到成熟时期，于社会尚无何等显著的影响。最热闹的是小说。第一，是旧小说的表彰：如《水浒》《红楼梦》《儒林外史》等，都有人加以新式评点，或考定版本源流。唐以后的短篇，宋以后的平话，或汇成丛刻，或重印孤本，都有销行的价值。第二，是外国小说的翻译：林纾与魏易等合译小说，是二十五年以前的事，不过取其新奇可喜而已。最近几年，译本的数量激增，其中有关系之作，自然不少，如《少年维特之烦恼》《工人绥惠略夫》等，影响于青年之心理颇大。第三，是文学家的创作：此时期中，以创作自命者颇多。举其最著者，鲁迅（周树人）的《呐喊》《彷徨》等集，以抨击旧社会劣点为目的，而文笔的尖刻，足以副之，故最受欢迎。而矛〔茅〕盾（沈雁冰）的《动摇》《追求》《幻灭》，亦颇轰动一时。新进作家最有希望的沈从文著有《蜜柑集》等，也是被人传诵的。

（乙）文学的期刊　最近十年，发行的文学期刊甚多，有目的不在文学而专为一种主义之宣传的，往往不久即停。今举纯粹文学的、而且印行较久的如左：

（子）《小说月报》——为文学研究会郑振铎、沈雁冰、叶绍钧等所主编，郑振铎曾编有《世界文学大纲》，材料丰富，编制谨严，可为空前之作，决非投机哗众者所能为。所以《小说月报》的文学，宁受平庸之诮，不致有偏宕之火。

（丑）《语丝》——为周树人、周作人兄弟等所主编。一方面，小品文以清俊胜；一方面，讽刺文以犀利胜。

（寅）《真美善》——为曾孟朴、虚白父子所主编。陆续发表影射清季时事的《孽海花》长篇小说并其他创作，尤致力于介绍法国文学。创刊号有《编者的一点小意见》一篇，中有几节说："在文学上什么叫做真？就是文学的体质，就是文学里一个作品所以形成的事实或情绪。作者把自己选采的事实或情绪，不问是现实的，是想象的，描写得来恰如分际，不模仿，不矫饰，不扩大，如实地写出来，叫读者同化在她想象的境界里，忘了是文学的表现，这就是真。什么叫做美？就是文学的组织，……就是一个作品里全体的布局，和章法、句法、字法。作者把这些通盘筹计了，拿技巧的方法，来排列配合得整齐紧凑，……自然地显现出精神兴趣、色彩和印感，能激动读者的心，怡悦读者的目，就丢了书本，影象上还留着醰醰余味，这就是美。什么叫做善？就是文学的目的，……就是一个作品的原动力，就是作品的主旨，也就是她的作用。凡作品的产生，没有无因而至的，没有无病而呻的，或为宣传学说，或为解决问题，或为发抒情感，或为纠正谬误，形形色色，万有不同，但综合诸说，总希望作品发生作用，不论政治上，社会上，道德上，学问上，发生变动的影响，这才算达到文学作品最高的目的；……不超越求真理的界线，这就是善。"对于文学上真、美、善三方面的观察，甚为正确。此杂志现已出至第五卷，对于自己所悬的标准，能久而不渝，是很难得的。

（卯）《新月》——为徐志摩、梁实秋、叶公超、潘光旦、闻一多、饶孟侃等所编。第一期发表了一篇《新月的态度》，有一节说："我们不妨把思想（广义的，现代刊物的内容的一个简称）比作一个市场，我们来看看现代我们这市场上看得见的，是些什么？……把他们列举起来：一、感伤派；二、颓废派；三、惟美派；四、功利派；五、训世派；六、攻击派；七、偏激派；八、纤巧派；九、淫秽派；十、狂热派；十一、稗贩派，十二、标语派；十三、主义派。商业上有自由，不错，思想上、言论上更应得有充分的自由，不错；但得在相当的条件下，最主要的两个条件，是：（1）不妨害健康的原则，（2）不折辱尊严的原则。"又说："生命是一切理想的根源，他那无限而有规则的创造性，给我们在心灵的活动上一个强大的灵感。他不仅暗示我们，逼迫我们，永远往创造的生命的方向走，他并且启示给我们的想象，物体的死，只是生的一个节目，不是结束，他的威吓，只是一个谎骗。我们最高的努力的目标，是与生命本体同绵延的，是超越死线的，是与天外的群星相感召的。为此，虽则生命的势力有时不免比较的消歇，到了相当的时候，人们不能不醒起。我们不能不醒起，不能不奋争，尤其在人生的尊严与健康横受凌辱与侵袭的时日！"《新月》的发行逾一年了，他确有思想上、言论上的自由，而且确能守着不妨害健康、不拆〔折〕辱尊严的两个条件，这是可以公认的。

四 演 剧

演剧的改良，发起于留日学生陆镜若、吴我尊、李道衡、李叔同等的春柳社，以提倡白话剧为主，译日本剧《不如归》，自编《社会钟》《家庭恩怨记》等剧。民国二年，始在上海贸得利戏院公演。四年，陆镜若病故，社遂解散。社员欧阳予倩本兼习旧剧，因从改良旧剧上着手。民国八年，应张謇之招，在南通设伶工学社，招小学毕业的学生，分戏剧、音乐两班教授，历六年，曾在新式剧场演过。予倩近又往广东，办理戏剧研究所。

十余年前，北京梅兰芳、齐如山等病京腔词句村俗，乃新编《天女散花》《嫦娥奔月》诸剧。如山作曲，兰芳演剧，一时颇博得好评。近更由刘天华为作梅兰芳歌曲谱，以五线谱与管色字谱并列。这也是一种改良旧剧的工作。

春柳社解散以后，白话剧仍有人续演，称为文明戏，多浅薄。较为深造的，北京有陈大悲，上海有洪深、田汉，山东有赵太侔，均曾在外国研究戏剧。汉组织南国剧社，成绩显著。太侔组织实验剧院，亦已成立。

五　影　戏

影戏本为教育上最简便的工具，但中国自编的影戏，为数寥寥，且多为迎合浅人的心理而作。输入的西洋影片，亦多偏于刺激的。他们的好影响，远不及恶影响的多。

六　留声机与无线电播音机

留声机传唱本国与外国的歌唱，流行甚广。无线电播音机，可以不出门而选听远地的乐歌，亦渐渐流行。

七　公　园

美育的基础，立在学校；而美育的推行，归宿于都市的美化。我国有力者向来致力于大门以内的修饰，庭园花石，虽或穷极奢侈，而门以外，无论如何秽恶，均所不顾。首都大市，虽有建设的计划，一时均未能实现；未有计划的，更无从说起。我们所认为都市美化的一部分，只有公园了。各地方的公园，不能列举，现举旧都及新都较为著名的公园以见例。

（甲）属于旧都北平的：

（子）中山公园——旧为社授坛，在端门右侧。民国三年十月十日始开放，以三日为期。嗣经市民请求，四年一月，内务部公布公园开放章程，由市民集资经营，即由捐资的市民组织董事会〈管〉理之，增建房屋八百九十余间，增植花木万二千余株，定名中央公园。十七年，北平特别市政府核定新章，改名中山公园，受市政府管辖，由市政府特派委员二人，本园董事内公推委员三十人，改组委员会，管理园务云。

（丑）北海公园——民国五年以后，市民屡请开放北海，不果。十七年八月，始实行开放。十一月，由捐资市民九十余人组织北海公园董事会。九月，受北平特别市政府管辖，由市政府特派委员二人，及全体董事中公推委员三十人，改组委员会管理之。修治山路，增建房屋，添植花木，设公共体育场及儿童体育场各一所，置游船、游车、冰床等，并招商承办中、西餐、茶点、糖果、球房、照相、古玩、书画各项营业，游人便之。

（乙）属于首都的：

（子）第一公园——园在复成桥东，旧为秀山公园，用以纪念李纯。兴工于民国九年，落成于十二年。十四［六］年九月，民众团体改名为血花公园，以纪念是年龙潭、栖霞间之战死者。十月，奉国民政府指令，定名为第一公园，由南京特别市政府教育局派员管理。其后由公园管理处接受。园中以烈士祠为中心，有花石山、金鱼池、玩月亭、歌舞亭、紫金园、月牙池、紫薇亭诸胜。

（丑）莫愁湖公园——园在水西门外，本为市民夏日赏荷之所。十七年，始辟为公园。有胜旗楼，郁金堂诸胜。

（寅）五洲公园——园以后湖及湖上各洲组织之，成立于十七年。改旧日的菱洲为澳洲，芷洲为非洲，长洲为亚洲，新洲为欧洲，老洲为美洲。开通道路，点缀风景，有景行楼、赏荷厅，湖心亭、铜鈎井、梅岭诸胜。

右列诸端，对于美育的设施，殆可谓应有尽有。然较之欧洲各国，论量论质，都觉得我们实在太幼稚了。急起直追，是所望于同志。

1931年

导读　本文中所说的新文化不是指1917年以后的以陈独秀、胡适等人发起的思想文化革新运动，而是始于1894年甲午海战惨败之后，由严复翻译了英国生物学家赫胥黎的《天演论》而引发的中国社会的巨大变革。

三十五年来中国之新文化

中国是有旧文化的，四千年以前的文化，为经传所称道的，是否确实，在今日尚是问题。三千年以前的殷虚，已发现铜器时代的文化。二千年前，周代文物灿然，是否受异族文化影响？亦尚在研究中。然两汉文化，固已融和南北，整理百家，自成一系。从汉季到隋、唐，与印度文化接触，翻译宣传，与固有文化，几成对待，但老庄一派，恰相迎合；自宋以后禅学、理学，又同化佛学而成为中国特殊的产物。元、明以来，输入欧风，自天算以外，影响无多；直至近三十五年，始沦浃于各方面，今姑分三节，记叙概略。

一　生活的改良得用食衣住行等事来证明

一、**食**　吾国食品的丰富，烹饪的优越，孙中山先生在学说中，曾推为世界各国所不及；然吾国人在食物上有不注意的几点：一、有力者专务适口，无力者专务省钱。对于蛋白质、糖质、脂肪质的分配，与维太命的需要，均未加以考量。二、白舍筵席而用桌椅，去刀而用箸后，共食时匙、箸杂下，有传染疾病的危险。近年欧化输入，西餐之风大盛，悟到中国食品实胜西人，惟食法尚未尽善；于是有以西餐方式食中馔的，有仍中餐旧式而特置公共匙、箸，随意分取的；既可防止传染，而各种成分，也容易分配。又旧时印度输入之持斋法，牛乳、鸡卵，亦在禁例，自西洋蔬食流行以后，也渐渐改良。

二、衣　中国古代衣冠，过于宽博，足以表示威仪，而不适于运动。满洲服式，便于骑射，已较古服为简便，但那时礼服，夏季有实地纱、麻纱、葛纱的递换，冬季有珍珠毛，银鼠、灰鼠、大毛貂褂等递换，至为繁缛。民国元年，改用国际通用礼服，又为维持国货起见，留长袍、马褂制，为乙种礼服，沿用至今。清代无檐的帽，不适于障蔽日光，故现多采用西式，然妇女戴帽的尚少。男子剪辫，女子剪发，不但可以省却打辫梳头的时间，而且女子也免掉许多的首饰；旧时的"剃头店"，在大都市中，已为新式的"理发处"所战胜。革履也有战胜布履、缎履的趋势，布履缎履的流行，也多数改为左右异向的，不似从前的浑同了。

三、住　吾国住宅，北方用四合式，南方用几进几间式，都有大院落，迪光通风，视欧式为胜。然有数缺点：一、结构太散漫（南式尤甚）；二、多用木料，易于引火；三、厕所不洁。所以交通便利的地方，多有采用西式的，尤以旅馆为甚。又冬季取暖，北方多用煤炉，南方或用炭盆，均有吸入炭酸的危险；现都用有烟筒的煤炉代替，也有用热气管的。个人所用的手炉、足炉，现均用热水瓶或热水袋代替了。

四、行　距今五十年前，已有轮船招商局，但航业推广，至今仍无何等成绩。五十六年前，有吴淞铁道，不久即毁。五十年前，又有唐胥铁道。其他京沪线、沪杭甬线、平汉线、津浦线、北宁线、平绥线等等，大抵是最近三十五年以内所完成的。总计全国铁道，干线长一〇，五八二‧七四八公里、支线长一，八二六‧五二八公里。最近经营公路，进步颇速，现在已成的共五一，二一〇里。公路亦名汽车路，公路既开，汽车的应用渐广；偶有几处兼行电车，于是北方的骡车，南方的轿子，渐被淘汰。而且航空业也开始试验，将来发展，未可限量。交通既便，旅行的风气渐开；从前只有佞佛的人，假"烧香"，"朝山"等名，游历山水；现则有旅行社代办各种旅行上必需的条件，游人颇为方便，民众也渐知旅行有益于卫生，所以流行渐广。夏季的海水浴场，如北戴河、青岛等；山中的避暑所，如北平的西山、江西的匡庐、杭州的莫干山等，都是三十五年来的新设备。

二　社会的改组此三十五年中均有剧烈的改变

一、**家庭**　婚姻的关系，旧制以嗣续为立足点，而且认男子为主体，注重于门第的相当；凭"媒妁之言"而用"父母之命"来决定。所以有幼年订婚，甚而至于"指腹为婚"。若结婚而无子，则古代可以出妻，而近代亦许纳妾。自男女平权的理论确定，婚姻的意义，基于两方的爱情，而以一夫一妻为正则。所以男女两方，不论是否经媒妁的绍介，而要待两方相识相爱以后，始征求父母的同意，抑或由父母代为择配，亦必征求子女的同意，而后敢代为决定。有子与否，绝对不足以为离婚的条件；而离婚案乃均起于感情的改变。

夫妇的结合，既以感情为主，于是姑妇的关系，姑嫂的关系，妯娌的关系苟与夫妇的感情有冲突时，均不得不牺牲之；所以大家庭制渐减，而小家庭乃勃兴。

二、**教育**　小家庭的组织，势不能用旧日家塾法，各延师课其子弟，于是采用西方学制；自幼稚园而小学，而中学，而大学；并旧日设馆授徒，及学官、书院等制，一概改变。是谓新学制。新学制的组织，托始于民元前十年（清光绪二十八年）的学堂章程，自蒙养院以至大学院，规模粗具。其后名称及年限，虽屡有修改，而大体不甚相远。最后一次，于民国十七年规定的是幼稚园以上，小学六年，分初高二级；中学六年，亦分初高两级；大学六年，其上有研究院。与高级小学及中学同等的，尚有补习学校；与中学同等的别有职业学校及师范学校；与大学同等而年限稍减的尚有专修科。

三、**印刷业及书业**　教育制度既革新，第一需要的，为各学校的教科书。

旧式刻版法，旷日持久，不能应急；于是新式的印刷业，应运而兴。最初由欧洲输入的是石印术，大规模的石印业，如同文书局、图书集成公司等，均为三十五年以前的陈迹。三十五年来最发达的印刷业，为排印法；商务印书馆，即发起于是时，于馆中分设编译、印则、发行等所，于上海总发行所外，又没分发行所于各地，规模很大。民国元年，中华书局继之而起。最近又有世界书局、大东书局等。

四、**工业**　印刷业以外，各种新式工厂，同时并起；其数量以民国八年为最盛；依前北京农商部统计，是年有工厂三百三十五所，资本总额为银一万三千三百十二万七千圆。其中以纺织、面粉、铁工、电气等工业为最发展。工厂既兴，于是劳工保护、劳资仲裁等法，亦应时势之需要而实现。

五、**商业**　商业上的新建设，有银行。取山西帮汇票号而代他。在财政部注册的，现已有六十余所。推行于各地方的，有农民银行，可以矫正典当与小钱店重利盘剥的弊害。又有百货商店，如永安、先施、新新等公司，于购物者至为利便。其规模较小而且含有改良作用的，是消费合作社，现亦渐渐流行了。

六、**农业**　农学的教育设立以后，各地方多有农事试验场与造林区的设置。现在成绩已著的，是新农具的试用，与人造肥料的流行。蚕种改良，亦于江苏、浙江、山东等省已著成效。

七、**度量衡新制**　度量衡的划一，二十四年前（清光绪三十三年），清政府已有划一度量衡计划，责成农工商部与度支部会订。前二十一年，农工商部奏定两制并用，一为营造尺库平制，一为万国制；民国元年，工商部议决用万国通制为权度标准，经国务会议通过。十八年二月，国民政府颁度量衡法，采用万国公制为标准制；并暂设辅制，称曰市用制。市用制，长度以公尺三分之一为市尺；重量以公斤二分之一为市斤；容量即以公升为市升。

八、**政治**　孙中山先生在五十年前，已开始革命运动，自称于乙酉年（民元前二十七年）始决倾覆清廷创建民国之志。及乙巳（民元前七年）成立同盟会，以"驱除鞑虏，恢复中华，建立民国，平均地权"四语，列在誓词上。那时候保皇的只想满洲皇室维新变法，排满的只想有汉人代满人而为皇帝；决不想有一个民国，可以实现于中华。但辛亥革命以后，竟能实现，虽有袁世凯的筹安，张勋的复辟，均不能摇动他。民国十四年七月，国民政府在广州成立，实行军政；及定都南京后，于十七年十月试行行政、立法、司法、考试、监察五院制；而于十九年确定为训政时期，对于人民为行使选举、罢免、创制、复决四权的训练，这真是历史上空前的纪录了。

三　学术的演进兹分为科学美术两类

一、**科学**　科学的研究，除由各大学所设的实验室外，以实业部的地质调查所成立于民国五年，与科学社的生物研究所成立于十一年的为最早。十七年，始有国立中央研究院成立，设研究所凡九所；并没自然历史博物馆。十八年，又有国立北平研究院成立；分设六部。今按科学门类，分别叙述如下：

（子）物理学　各大学有理科的，都有物理学一系，近年中央、中山、北京、清华、浙江、燕京诸大学，均有研究的设备。对于电学、光学方面，注意的颇多，爱克斯光线与无线电的研究，各大学进行的已有数处。中央研究院之物理研究所，兼具国家标准局性质，本应有绝对标准的制定；现为日前需要计，先装置副标准，此种基本装置，一、标准时钟；二、比较电阻及电压装置；三、气压温度空气等装置；四、恒频率发电机的装置；五、无线电台；六、铂电阻温度计的装置等。研究工作，为：一、重力测量；二、低压下摩擦生电的试验；三、晶体频动及高频率电波的研究；四、测量高频电波的研究。五、发生高频电波的研究等。北平研究院理化部物理研究所的研究工作，为：一、中国北部各地经纬度重力加速率及地磁等的测定；二、光带吸收的研究；三、关于镭矿调查及关于镭质放射研究；四、爱克斯光线及近代物理研究；五、无线电。

（丑）化学　国内化学研究机关，约可分为三种：其一，为大学中的化学系，其中又可分为理学院的化学系，及其余专科的化学系（如属于医学、农学、工学等院的）。其二，关于农工机关的化验处，如商品检验所等处。其三，特设的研究机关，如中央研究院的化学研究所等。理学院的化学系，除教课外，兼进行研究的，为数尚不多；但其中有数大学，确已有研究计划。如中央大学化学系研究室，对于研究，颇有具体计划，例如对于有机综合法的改良；格林耶反应；格鲁太密酸的化学；铸与其合金的研究；有机定性分析的研究等，俱在进行中。中山大学化学系，对于有机化学，亦颇有贡献。清华大学化学系，对于有机综合与理论化学，亦有研究的计划。北京大学及东北大学，对于化学设备，俱颇充足，实验室地位亦宽，颇适宜于研究。至私立大学中化学的设备较充足的，为数亦不少，例如燕京大学、东吴大学、沪江大学、福建协和大学等处，均有可以供给简单研究的设备；所研究的问题，大概属于各种农工业原料的分析，间有及于制造的。至于专科大学的化学系，其中颇有设备甚佳。且为专门研究的。例如北平协和医学院的生物化学系与药物化学系，设备俱佳；生物化学系所研究的，为有机化学与生物化学的关系；理论化学与生物化学的关系；新陈代谢及营养。而药物化学系，对于中国药，如延胡索等，颇有发明。又如北平大学之农业化学系，对于农艺化学诸问题，颇多研究，例如豆饼的营养价值，豆饼食品的制造法，菌类生活素研究，油类脱色沾，柿中酸类及无机成分研究等。又如中央大学医学院生物化学系，对于营养化学，研究颇多。至于各处特设的化学机关，其研究范围，较为专一。例如上海商品检验所的化验处，所进行的，有植物油类检验，牲畜正副产品类检验，及其他农产农用品的检验。上海市社会局工业物品试验所，所化验物品，不亚十余种，至于专以研究化学为事的，国立的有中央研究院的化学研究所，北平研究院理化部的化学研究所；私立的有中华工业化学研究所。中央的化学研究所，成立于民国十七年，其工作分四组进行，为：无机理论化学组，有机生物化学组；分析化学组；应用化学组。其研究范围，目前暂限于中国药料、纸料、油脂、陶料诸问题，以图国产原料的应用。同时对于基本化学诸问题，如有机化学综合法，气体平衡，生物发育时的化学及各种分析方法，加以研究。北平的化学研究所，所研究的：一、无机化学中复质化学的研究；二、研究分析国产金石药品；三、研究分析国产化学工艺制造品；四、研究分析河北一带水泉；五、研究分析河北一带土壤；六、研究分析国内各种燃料；七、近代纯粹化学研究。中华工业化学研究所，所研究的，均为工业化学上切要问题，其研究已告段落的，有维太命防腐浆，退色药水，乳化蓖麻子油等。

（寅）地质学　地质研究机关，以北平地质调查所为最早，开办于民国五年。其研究范围，为地质，古生物，矿产。其历年来所办重要事项：一、测制全国地质图，已测成的，有直隶，山东，山西全省及安徽、江苏、热河、绥远之一部。二、调查全国矿产，对于煤铁，尤为注意；有专书及详图。三、研究与地质学有关的各种科学问题，如岩石，矿物等项，现亦有出版物颇多。此外尚有临时调查诸工作，其出版物有汇报、专报、特刊及中国古生物志等各十余种。中央研究院之地质研究所，成立于十七年一月，分四组：一、地层古生物组；二、岩石矿物组；三、应用地质组；四、地象组（包括构造地质及地质物理），其三年来的工作：一、调查湖北矿产，二、与地质调查所分任秦岭山脉地层及地质构造之研究；三、在安徽、江西，江苏，浙江等省研究各地之地层。地质构造与矿产；四、调查中国东海岸岩石现象与海岸的变迁；五、关于地质物理的工作两种、一以扭转天秤研究上海冲积层以下的岩石层；一在室内研究岩石的杨氏弹性常数。两广地质调查所，成立于十六年九月，曾分组至广西、广东各江流域及西沙群岛，并至贵州、四川等处调查地质，成绩甚良。湖南地质调查所，成立不过三年，对于湖南煤田及各种经济矿苗，颇多调查。浙江矿产调查所，成立于十七年，调查本省矿产，兼及土壤、肥料与农产物。江西地质调查所，成立于十七年，在逐渐进展中。至于各大学有地质学系的，为数颇多；较为著名的，如北京大学的地质学系，与北京地质调查所有密切关系。中央、中山两大学的地质学系，均有相当设备，于授课外，调查该校附近的地质。

（卯）生物学 生物学研究机关，以科学社生物研究所为最早，成立于十一年。分两组，一为植物组，研究植物分类与植物生态。对于各省植物调查，尤为注意；例如与浙江大学农学院合作，研究浙江省植物；与静生生物调查所合作，调查四川植物；至于浙江天目山、南京紫金山及其他各处之植物生长状况，多在研究中，所采集的各种植物，已经整理鉴别的，有一万种；尚未完全整理的，有二万余。又一组为动物组，其研究范围颇广；一部分为动物神经的研究；一部分为中国各种新种动物的说明；一部分为中国长江及沿海动物有系统的调查；又一部分为动物形态及生理的研究。历年所采集标本极多；十八年在山东沿海，采得动物标本一万五千余，同年，长江一带，采得标本万余，其中共为千余种；其他各处采集，成绩亦略相等；研究报告，已出版的二十余种。中央研究院自然历史博物馆，成立于十八年。搜罗中国西南部动植物标本，最为丰富。第一次广西科学调查团，采得植物五万份，脊椎及无脊椎动物约九千余份。十八年，复有四川鸟类采集，长江鱼类采集；十九年，组织贵州自然历史调查团，成绩皆极满意。其研究工作，除关于分类研究外，尤注意于中国动植物的分区。印行专著、图谱、丛刊等，约十余种。静生生物调查所，为纪念范静生先生而设，成立于十八年。亦分动植物两部，调查及研究中国动植物分类，旁及经济动植物学与动植物生态学，木材解剖学等，已有出版品四五种。北平研究院植物学研究所，成立于十八年，调查及研究中国北部植物，有出版品二种。中山大学农林学院，有农林植物研究所，成立于十七年；其研究目的，在于求农植物改良，旁及于分类、分布、生理、生态诸学；其研究材料，大概为中国南部植物，尤注意的是广东植物；出版品有图谱与植物志诸书。至于各大学的生物研究，其性质较为广泛；如清华大学生物学系及生物研究所，除采集外，作生理遗传及生态的研究；对于金鱼研究，颇加注意。厦门大学植物系，除普通研究外，注意福建植物及下等隐花植物与海藻植物。河南大学理学院生物系，为遗传（研究果蝇、豚鼠、兔子）、植物生理、鱼类分类、动物解剖诸研究。又如各省昆虫局，对于各省虫类颇多研究；历史较久的，是江苏省昆虫局，成立于九年。

（辰）天文学　天文学研究机关，以佘山天文台为最早；成立于民元前十二年，其工作：一、测时；二、行星与恒星的摄影研究；三、小行星受木星影响研究。出年报，已至第十七卷。其次，齐鲁大学天文台，成立于民国六年，其工作：一、授时；二、观日月斑点形象。出版品有天文书籍四种。其次青岛观象台天文磁力科，成立于民国十三年，其工作：一、授时；二、天体摄影观测；三、天体位置推算等；出版品有报告书及观象日报。其次为中央研究院天文研究所，成立于民国十六年，其工作：一、首都授时；二、全国授时，三、测量经纬度；四、研究太阳、行星、恒星等；出版品有国历、国民历、天文年历、集刊、别刊等九种。其次为中山大学天文台，成立于民国十八年、其工作：一、授时；二、观测变星；三、观测太阳斑点。出版品有两月刊。

（巳）气象学　国内各处天文台，俱附设有气象测候所。专研气象的机关，为中央研究院气象研究所、及其附属之各气象测候所。其本所研究事业，除普通测候及天文预报外，特别注意于高空研究，历次举放气候，成绩颇佳。现方联络及接收国内各处气象测候所，远至内蒙、新疆等处。今年在首都举行气象会议，到的有三十余团体，议决联络及统一国内测候通讯办法。又开班训练测候人才。其次为上海徐家汇天文台。虽以天文名，而进行工作，大概俱属气候及地震测候，所出报告，种类颇多。其次如南通军山气象台，测候设备亦多。至于青岛现象台。北平观象台及中山大学天文台等，亦皆有气象研究普通设备及各种自记仪器云。

（午）医学　医学研究，以同济大学医学院为最早，其生理学研究馆，成立于民元前十二年，所研究的是心理的生理学，尤注意于中国人与欧洲人的比较，已有出版品数种。其次成立的为解剖学研究馆，成立于民元前四年，所研究的，为东方民族比较解剖学，已有出版品一种。尚有病理学研究馆，专研究中国方面的民族比较病理学；药物学研究馆，研究中国的药物；均附设于宝隆医院。北平协和医学院，隶属于美国罗氏驻华医社，成立于民国十年，经费较充，设备较为完全。该院设十二系：解剖学系，研究解剖、组织、细胞、胚胎、人类诸学；生理学系，研究人类生理；生理化学系，研究有机生物化学新陈代谢、食物化学及营养学；药物学系，研究植物学、有机化学、生理与药物作用的关系；细菌学系，研究细菌学、免疫学、霉菌学系；病理学系，卫生学系；内科学系；外科学系；妇产科学系；眼科学系；爱克斯光学系等，分别用科学方法，研究各种病理，其研究报告，发表于欧美及中国之杂志中，已有百余篇；其他如杭州医院，为热带病及寄生虫的研究；中央大学医学院，与红十字总医院合作，各系教授均有研究，论文散见于各杂志的，已有二十余篇；均为后起而极有希望的。

（未）工程学　工程研究，在中央研究院工程研究所中已设立的，尚只有陶瓷及钢铁两试验场。陶瓷试验场所研究的：一、坯泥的研究；二、瓷泥的分析；三、国内各地瓷泥性质的研究；四、瓷釉的研究。钢铁试验场所研究的：一、采集国内各厂矿所产之生铁与焦炭，试制铸钢与器具钢；二、研究制模手术；三、研究关于冶炼方面各问题；四，研究繁难铸铁机件。

（申）心理学　北京大学、中山大学、浙江大学均有实验心理学的设备；专门的研究机关，为中央研究院的心理研究所，设在北平，所研究的：一、修订皮纳智力测验；二、研究食品对于神经系发展及学习能力的影响；三、研究大声惊吓对于习得能力的影响；四、研究输精管隔断的各种影响；五、编辑心理学名词。

（酉）历史语言学　中央研究院历史语言研究所设在北平，分三组：第一组，关于史学各方面及文艺考订等；第二组，关于语言学各方面及民间文艺等；第三组，关于考古学、人类学、民物学等。第一组研究标准：一、以商周遗物，甲骨、金石、陶瓦等，为研究上古史的对象；二、以敦煌材料及其他中亚近年出现的材料为研究中古史的对象；三、以内阁大库档案，为研究近代史的对象。其属于个人研究的：一、中国经典时代语言及历史的研究；二、以流传的及最近发现的梵文手钞本与番经汉藏对勘；三、由蒙文蒙古源流及清文译本，作蒙古源流研究；四、以金石文字校勘先秦的典籍及研究经典上各项问题；五、以古代遗物文字花纹等研究古代文化及民族迁移中所受外来文化的影响；六、编定北平图书馆所藏敦煌卷子目录；七、编定金石书目；八、辑校宋元逸词；九、搜访南明弘光，隆武，永历三朝史料？编纂南明史及南明史的专题研究。第二组所研究的：一、全国务省方言的调查，求知各地方言的分配变迁来源等；二、音档的设置，为保存各地方言材料永久的记录起见，依照德、法各国音档方法，灌收方言话片；三、古代音韵研究；四、西夏研究；五、语言实验室工作，尤注重我国声调的实验。该组已完成的工作，较力重要的：一、慧琳一切经音义反切考；二、瑶歌记音；三、厦门音系研究；四、藏歌记音；五、耶稣会士在音韵学上贡献的研究；六、闽音研究。第三组的工作，以发掘与考订为中心。发掘事项，计河南安阳殷墟三次，山东历城龙山城子崖一次，黑龙江齐齐哈尔石器时代墓葬一次。殷墟与城子崖发掘的效果：一、大宗刻字甲骨的发现：二、大宗陶器、陶片的发现；三、大宗兽骨的发现；四、地层的认识；五、与甲骨文同时的石器、铜器的发现。

（戊）社会科学　社会科学研究的机关，有中央研究院的社会科学研究所，分设四组；一、法制学组；二、经济学组；三、社会学组；四、民族学组。法制学组所研究的：一、陪审制度，已有报告；二、犯罪问题，先从监犯调查入手；三、上海租界问题，就法理与事实两方面详加研究；四、华侨在中外条约上及列国法律上所受的待遇；五、中国近代外交史研究；六、国际法典编纂会议议题研究。经济学组已完成的，有六十五年来中国国际贸易统计。现在所研究的：一、中国国际贸易统计的改进问题；二、中国国际贸易研究；三、杨树浦工人住宅调查；四、统计学名词汇；五、所得税问题。社会学组的工作，现方集中于农村问题：一、计划全国农村调查，先就无锡、保定两处实地调查；二、研究中国农村的封建社会性；三、研究资本主义在中国农村中的发展。出版品：《亩的差异》《黑龙江的农民与地主》等等，已有六种。民族学组所研究的：一、广西凌云瑶人的调查及研究；二、台湾番族的调查及研究；三、松花江下游赫哲人的调查及研究；四、世界各民族结绳记事与原始文字的研究，五、外国民族名称汉译；六、西南民族研究资料的搜集。与该所社会学组同年成立，而且有分工互助的契约的，是中华教育文化基金董事会所设立的社会调查所，从事于社会问题的各项研究与调查，调查工人生活，尤多贡献；出有第一次中国劳动年鉴，指数公式总论，社会科学杂志等刊物十余种。其他各大学所研究的，大抵趋重于中外社会现状与其趋势，所有出版物，亦以通论及偏于理论者为多。各种学会，方面较多；如辽宁东北法学研究会，志在发扬本国法律优点，并普及法律知识于民众，所出法学新报及法律常识等杂志，即本此立论。北平朝阳大学法律评论社所出周刊，亦与同调。又如上海东吴大学法律学院注重于中西法律比较的研究。中国社会科学会注重于书报的译述，谋增进民众社会常识。中国经济学社及社会经济研究会，致力于本国经济现状与现代经济问题等，均有特殊的贡献云。

二、**美术** 吾国古代乐与礼并重；科举时代，以文学与书法试士，间设画院，宫殿寺观的建筑与富人的园亭，到处可以看出中国人是富于美感的民族；但最近三十五年，于美术上也深受欧洲的影响，分述于下：

（子）**美术学校** 吾国美术学校，以私立上海美术专门学校为最早，成立于民国元年，初名上海图画美术院，设绘画科两班，学生十二人。是年七月，于正科外设选科。三年，改绘画科为西洋画科。四年一月，增设艺术师范科。九年四月，更名上海美术学校；十年八月，更名上海美术专门学校。现有中国画，西洋画，艺术教育及音乐四系，学生五百人。继此而起的，有国立美术学校两所。一在北平，一在杭州。北平一校，成立于民国七年，初名北京美术学校，设绘画、图案两科。九年，设专门部的图画，手工师范科。十一年改称北京美术专门学校，设国画、西画、图案三系及图画手工师范系。十五年二月又改名国立艺术专门学校，增设音乐戏剧两系。十七年编入北平大学，名为艺术学院，增设建筑系，改图案系为实用美术系，合之音乐、戏剧、国画、西画各系，共成立六系，学生三百五十名。杭州一校，成立于民国十七年三月，初名艺术院，设中国画、西洋画、雕塑、图案四系，而外国语用法文；秋，合并中国画及西洋画为绘画系。十八年十月，改名美术专科学校，学生二百二十六人。其非专设的学校而附设于大学的，有国立中央大学教育学院的艺术教育科与艺术专修科。艺术教育科，分国画、西洋画、手工、音乐四组，均四年毕业。艺术专修科，分图画、工艺、音乐三组，为培养中等学校师资而设，三年毕业。

（丑）博物院与展览会　收藏古物与美术品，本属于私人的嗜好。近始有公开的机关，如各地方所设古物保存所就是。其内容较为丰富的，是北平的古物陈列所与故宫博物院。古物陈列所，成立于民国初年，设于乾清门外太和、中和、保和及文华、武英等殿，所陈列的都是奉天、热河两行宫的物品；书画占最多数，更番展览；其他磁、漆、金、玉的器物，亦为外间所寡有的。故宫博物院，成立于十四年十月，设于乾清门内各宫殿。故宫的建筑与园林，本有美术的价值；昔为清皇室所占有，自十四年后，次第开放，公诸民众。至于宫中物品，除书籍及档册外，美术品甚多；书画八千余件；陶磁六千余件；其他铜器、玉器及各种宝石、象牙的器物，以刻镂见长的，为数尤多。除这种永久的陈列所以外，又有一种短期的陈列所，就是展览会。自国内美术学校成立，在国外留学的美术家渐渐回国以后，在大都会中，时时有学校或个人的展览会；其规模较大的，是十六年的北京艺术大会，为北京艺术专门学校所发起，自五月十一日至六月三日，绘画的出品在三千件以上，并有音乐戏剧。其后有十八年的全国美术展览会，为教育部所主持，会场设在上海普育堂，四月十日开会，一个月始毕。所陈列的，第一部，书画，千二百三十一件；第二部，金石，七十五件；第三部，西画，三百五十四件；第四部，雕刻，五十七件；第五部，建筑，三十四件；第六部，工艺美术，二百八十八件；第七部，美术摄影，二百二十七件。又有日本美术家出品，八十件，每日并有收藏家分别借陈的古书画。

（寅）建筑术　在欧洲美术学校中有建筑一科，我国各校为经费所限，尚不能设此科，但新式建筑，已经为我国人所采用了。起初用纯粹西式，或美或丑，毫无标准。后来有美国建筑家，窥破纯粹欧式与环境不相调和的弱点，乃创一种内用欧式而外形仍用华式的新格，初试用于南京的金陵大学与金陵女子大学，继又试用于北平的协和医院与燕京大学，被公认为美观。于是北平的国立北平图书馆、南京的铁道部、励志社等皆采此式。将来一切建筑，固将有复杂的变化，但是调和环境的原则，必不能抹杀了。

（卯）摄影术　摄影术本一种应用的工艺，而一人美术家的手，选拔风景，调剂光影，与图画相等；欧洲此风渐盛，我国现亦有光社，华社等团体，为美术摄影家所组织的。光社设在北平，成立于十二年，初名艺术写真研究会，十三年改名光社。每年在中央公园董事会开展览会，观众在万人以上，十六年以来，已出年鉴两册。华社设在上海，成立于十六年，　曾开展览会数次；印刷品有社员《郎静山摄影集》。上海又有天鹏艺术会，印有《天鹏摄影杂志》。

（辰）书画摹印　摹印古代书画，始于神洲国光社，继起的有文明书局及有正书局等。其后商务印书馆及中华书局，也有这种印本，并于碑帖画册以外，兼及扉联堂幅，而故宫博物院所出《故宫》月刊，亦以故宫藏品的摄影，次第公布。其专印新印图画及雕刻的，有《美育》杂志等。

（巳）音乐　自新学制制定以后，学校课程中，就有音乐、唱歌等课，于是师范学校中，亦有此等科目，这是采用西欧乐器与音乐教授法的开始。在艺术学校，亦有设音乐系的。八年，北京大学设音乐研究会，九年，北京女子高等师范学校设音乐科，同时有一种管弦乐的演奏会。十六年十月，始有国立音乐院，成立于上海，十八年改名音乐专科学校；校中设预科、本科，并附设师范科。本科分理论作曲、钢琴、提琴及声乐四组；初学各生，入学后第一年不分组。又有选科，专为对于音乐曾有研究、欲继续专攻一门者而设。该校成立以后，举行教员演奏大会及学生演奏会多次，又有由一部分教员所组织的弦乐演奏会，每月举行一次。九年一月，北京大学的音乐研究会，曾编印《音乐杂志》，十一年停办。十九年，音乐专科学校又编印《乐艺》季刊。

（午）文学　文学的革新，起于戊戌（民元前十四年）；一方面梁启超、夏曾佑、谭嗣同等用浅显恣肆的文章，畅论时务，打破旧日古文家拘守义法、模仿史、汉、韩、苏的习惯；一方面林獬、陈敬第等发行白话报，输灌常识于民众；但皆不过以此为智育的工具，并没有文学革命的目标。至民国七年，胡适、陈独秀、钱玄同、周作人等，始排斥文言的文学，而以白话文为正宗的文学。其中尤以胡适为最猛进，作《白话文学史》以证明白话的声价；于是白话散文逐有凌驾古文的趋势；至于白话诗与剧本，且亦有创作与翻译的尝试，但未到成熟时期，于社会上尚无何等显著的影响。最热闹的是小说：第一，是旧小说的表彰，如《水浒》、《红楼梦》、《儒林外史》等，都有人加以新式标点，或考定版本异同。唐以后的短篇，宋以后的平话，或辑戍汇编，或重印孤本，均有销行的价值。第二，是外国小说出翻译，林纾与魏易合译英文小说数十种，为兹事发端。最近几年，译本的数量激增，其中如《少年维特之烦恼》《工人绥惠略夫》《沙宁》等，影响于青年的心理颇大。第三是文学家的创作，这一时期中，以创作自命的颇多，举其最著的：鲁迅的《阿Q正传》等，以抨击旧社会劣点为目的，而文笔尖刻，足投时好。而茅盾的《动摇》《追求》《幻灭》，亦颇轰动一时。新进作家沈从文著有《蜜柑集》等，也是被人传诵的。至于文学期刊，最近几年，时作时辍的甚多；其中能持久而自成一派的，如《小说月报》的平正，《语丝》的隽永，《新月》的犀利，《真善美》的凝炼，均有可观。

（未）演剧　演剧的改良，发起于留日学生的春柳社，以提倡白话剧为主，译日文剧《不如归》，自编《社会钟》《家庭恩怨》等剧。民国二年公演，四年，即解散。八年，南通设伶工学社，招小学毕业的学生，分戏剧、音乐两班教授，历六年，曾在新式剧场演过。现在广州有戏剧研究所，北平有戏剧专科学校，均偏重旧剧改良。至于白话剧，自春柳社解散以后，仍有人续演，称为文明戏，多浅薄。较为深造的，北平有陈大悲，上海有洪深、田汉，山东有赵太侔，均曾在国外研究戏剧，汉组织南国剧社，太侔组织实验剧院。

（申）影戏 影戏本为教育上最简便的工具，近日各都市盛行的，都以娱乐为最大目的。中国人自编的甚少，且多为迎合浅人的心理而作。输入的西洋影片，亦多偏于富刺激性的。他们的好影响，还不及恶影响的多。

（酉）留声机与无线电播音机 留声机传唱本国与外国的歌唱，流行甚广；间亦用以传播遗训，教授外国语。无线电播音机，可以不出门而选听远地的乐歌，亦渐渐流行。

（戍）公园 我国有力者向来专致力于大门以内的修饰，庭园花石，虽或穷极奢侈；而大门以外，如何秽恶，均所不顾。三十五年来，都市中整理道路，留意美化，业已开端；而公园的布置，各县皆有；实为文化进步的一征。如首都的第一公园，莫愁湖公园。五洲公园，北平的中央公园，北海公园等，均于市民有良好的影响，其他可以类推。

综观所述新文化的萌芽，在这三十五年中，业已次第发生；而尤以科学研究机关的确立为要点，盖欧化优点即在事事以科学为基础；生活的改良，社会的改造，甚而至于艺术的创作，无不随科学的进步而进步。故吾国而不言新文化就罢了，果要发展新文化，尤不可不于科学的发展，特别注意啊！

1931年

导读 "中国书画，均以气韵为主，故虽不讳摹仿，而天才优异者，自能表现个性，不为前人所掩。且苟非学问胸襟，超出凡近，而仅仅精于技术者，虽有佳作，在美术工艺上当认其价值，而在中国现代书画上，则不免以其气韵之不高而薄视之。此亦中国书画上共通性之一，而在近代始特别发展者也。"

中国之书画

　　中国美术，以书画为主要品，而两者又互有密切之关系，其故有四：（一）起原同一。书始于指事、象形之文，犹之画也。今之行、楷，虽形式已多改变，而溯源尚易。（二）工具共通。书画皆用毛笔；画之设色，虽非书所有，而水墨画则又与书近。甚而装裱之法，如手卷、立轴、横幅等，亦无区别。（三）平行演进。自汉以后，书画进化之程度，大略相等；其间著名作家，相承不绝，有系统可寻。其他建筑、雕塑及美术工艺品，则偶有一时勃兴，而俄焉衰歇；或偶有一二人特别擅长，而久无继起者。（四）互相影响。自宋以后，除画院供奉品外，无不以题识为画面之一种要素。最近除仇英一家外，善画者无不善书。其他布置习惯，如扇面上两叶上之半书半画，厅堂上之中悬画轴。旁设对联，皆呈互相辉映之观。若铜器上，瓷器上之饰文，亦常并列书画。其互相关系之密切，可以见矣。

　　今欲述中国书画进化之大概，可别为三个时期。秦以前：（西元前二〇五年前）为古代，为萌芽时期；自汉至唐末（西元前二〇四年至西元九〇七年）为中古，为成熟时期，自五代至清末（西元九〇八年至一九一一年）为近世，为特别发展时期。今按此三时期分别叙述，而殿以民国元年以来现代之状况焉。

第一章　古代——书画萌芽时期

中国古书所记，伏羲氏始作八卦，造书契。其后有距今四六二八年前（西元前二六九八年）即位之黄帝，命其臣仓颉作书，史皇作图。神话而已，无以证其信否。又言帝舜（西元前二二五六年即位）"观古人之象，日月星辰山龙华虫作会；宗彝藻火粉米黼黻〈绪，绣〉，以五采彰施于五色，作服。"（《尚书》）（华虫，雉也。会，同绘。宗彝，虎蜼也，蜼为狼类。黼，作斧形，黻作亚形）又称夏方有德（西元前二二〇七年至一七六六年），远方图物，贡金九牧，铸鼎象物，百物而为之备；使民知神奸，故民入川泽山林，不逢不若，魑魅魍魉，莫能逢之。（《春秋左氏传》宣公三年）是舜时已知用五彩绘绣，且以天象、动物、植物及用品为图案，而夏初且能图象怪物；然是否信史，尚属疑问。

北京地质调查所曾在河南、奉天、甘肃等处发现新石器时代及初铜器时代之彩色陶器，大抵在西元前三千年与二千年之间，其陶器或红地黑纹，或灰地红纹，或淡红地加深红彩色，为当时已知利用彩色之证。（见《古生物志》丁种第一号，河南石器时代之着色陶器）其出山河南遗墟者，仅示几何花纹，如直线、曲线、弧形、8形、螺线及带纹等；出〈自〉甘肃者，更具有各种动物图形，如马形、鸟形等，且有作人形及车形者。奉天秦王寨发见之陶器，多作波纹及波浪围绕纹者，有时双弧花纹，以背相向，或交相切成 x 之形。双卧弓形，凸侧向上，中连一长隙地，仿佛作棕叶形，此为一种退〔进〕化之植物花纹。因知此时期中对于色彩之配布，几何形动植物，人体之描写，已发其端，而尚无文字。

在殷代（西元前一七六五——一一二二），常以天干十字为人名。自来得古铜器者，辄以文字简单而有父己、祖辛等人名为殷器。最近又于河南安阳县殷之故都，得龟甲兽骨之刻有卜词者，其人名既相类似，而文字体格亦颇同符，其刀法之匀称，行列之整齐。足以推知文字之应用，远在殷以前矣。民国十七年十月，中央研究院历史语言所考古组李济君等亲往殷墟，以科学的方法试行发掘，所得甲骨，较购诸土人者为可信，足以证知殷人所刻文字之真相。而同时得有殷人陶器，于绳纹、弦纹。三角纹、斜方纹、云雷纹以外，兼有兽耳、兽头之饰。又得石刻人体之半，所遗留者，自腰至胫，并其握腿部之双手。虽当时人之图画尚未发现，而其对于线条之布置与动物人体之观察，亦可推见端倪也。《尚书》序称高宗（西元前一三二四年即位）梦得说，使百工营求诸野；皇甫谧谓使百工写其形象。果如所解，则当时已有画象之法矣。

至于周（西元前一一二一——二四九），则金器之出工者较多；其花纹以云雷与兽头为多，植物甚少，人体殆不可见。直至秦季，图画之迹，尚未为吾人所目睹。史籍所载，画斧于扆，画虎于门，及其他日月为常，交龙为旂，熊虎为旗，鸟隼为旟，龟蛇为旐之类，以天象及动物为象征。《考工记》为周季人所著，称画绘之事杂五色，东方谓之青，南方谓之赤，西方谓之白，北方谓之黑，天谓之玄，地谓之黄，青与白相次也，赤与黑相次也，玄与黄相次也。青与赤谓之文，赤与白旧之章，白与赤谓之黼，黑与青渭之黻。是当时对于各色配合之法，已甚注意。《考工记》又称绘画之事，后素功，则当时先布众色，而后以白采分布其间，是一种钩勒法。又《家语》称孔子观乎明堂，覩四门墉，有尧舜之容，桀纣之象，面各有善恶之状，兴废之诚焉。又有周公相成王，抱之负斧扆，南面以朝诸侯之图焉。如所言果信，则当时画家已有表现特色之能力。王逸作《楚辞章句》，谓楚有先王之庙及公卿祠堂，图天地山川神灵琦玮橘㟪及古贤圣怪物行事，是武梁石室等图画，在周代已肇其端矣。又《史记》称：秦每破诸侯，写放其宫室，作之咸阳北阪上，是宫室界画，当时已有能手。《说苑》称，齐王起九重台，召敬君图之，敬君久不得归，思其妻，乃画妻对之。是写象画亦已流行矣。

《韩非子》称：客有为周君画能者，三年而成，君视之，与髹筴者同状。周君大怒。画筴者曰："筑十版之墙，凿八尺之牖，而以日出时，架之其上而观。"周君为之，望见其状，画成龙蛇禽兽车马，万物之状备具。此殆如欧洲之油画，非在相当之距离，值适宜之光线，未易觏其优点者，足以见当时人对于绘画之鉴赏力也。《庄子》称："宋元君将画图，众史皆至，受揖而立；舐笔和墨，在外者半。有一史后至者，僵僵然不趋，受揖不立，因之舍。公使人视之，则解衣般礴赢；君曰："可矣，是真画者也。"所谓众史皆至，颇近宋，明画院之体制。其以解衣般礴之史为真画者，殆如近代国内之尊写意而薄工笔，欧洲之尚表现派而绌古典派矣。《吕氏春秋》以画者之仪发而易貌，为等于射者之仪毫而失墙，明画者当有扼要之识力，《韩非子》称画之最难者为犬，马而易者为鬼魅，可以见当日偏重写实之趋向，均理论之重要者也。

钟鼎款识，均用刀勒，其体与甲骨文字相等。其时又有竹书漆字，郑玄、卢植等均称为科斗文。王隐曰："太康元年，汲郡民盗发魏安厘王冢，得竹书漆字科斗之文。科斗文者，周时古文也。其字头粗尾细，似科斗之虫，放俗名之焉。"周宣王时（西元前八二七——七八二），太史籀著大篆十五篇，与古文或异。今北平所保存之石鼓文，相传为此时所勒，字体茂密，诚与金器款识不同。及秦代，李斯又齐同各国文字，定为小篆。今所传琅琊。泰山等刻石，体皆圆长；而秦权铭文则变为方扁，但均与石鼓文不同。时又有程邈作隶书，为晋以后行楷书所自出，而蒙恬始以免毫为笔，供以后二千年间书画之利用而推广，其功亦不可忘焉。

第二章 中世——书画成熟时期

自汉初至唐末，凡千一百十二年（西元前二〇六年至西元九〇六年），在此一时期中，各体书画，均有著名之作品；内容之复杂，形式之变化，几已应有尽有。收藏鉴赏，代有其人，理论渐出专著。书画二者，既被确定为美术品，而且被认为有同等之价值者，故调之成熟时期。

（甲）画之演进

人物画，前时期已有之，而此时期中至为发展。有画古人者，如汉武帝使黄门画者画周公助成王之图赐霍光；献帝时所建之成都学周公礼殿，画三皇五帝三代之君臣及孔子七十二弟子于壁间；杨修之严君平卖卜图；唐阎立德之右军点翰图等是也。有画同时人者，如汉宣帝画功臣之象于麒麟阁，并题其氏名官爵，唐阎立德画秦府十八学士，凌烟阁二十四功臣，顾恺之图裴楷，颊上加三毫，观者觉神明殊胜。梁武帝以诸王在外，思之，遣张僧繇乘传写貌，对之如面，是也。有画外人者，如汉成帝画匈奴休屠王后之象于宫壁，唐阎立德作王会图及职贡图，画异方人物诡怪之质，其弟立本奉诏画外国图，张萱之日本女骑图，周昉之天竺女人图等皆是；而唐之胡瓌，胡虔，以图画番族擅长，在宣和画谱中，瓌所作番族画六十有六，虔所作四十有四也。

人物画中之特别者为鬼神。前时期中《楚辞·天问》之壁画，已启其端；至汉代鲁灵光殿之壁画，与之类似。其他若武帝甘泉宫之天地。太乙诸鬼神，武荣祠所刻海神，雷公。北斗星君、啖人鬼，皆本于古代神话者也，明帝时，佛教输入，命画工图佛，置清凉台及。显节陵上，是为佛象传布之始。三国时，吴人曹不兴以善画人物名，见天竺僧康僧会所携西国佛画象，乃范写之，盛传天下。其弟子卫勃泎七佛图，于是有佛画名家矣。晋代顾恺之在瓦官寺画维摩诘一躯，观者所施，得百万钱。南北朝，佛教盛行，北方有多数石窟之造象，而南方则有多数寺院之壁画；其寸以画佛著名者甚多，在南以张僧繇为最，在北以杨乞德、曹仲达为最。张僧繇尝迫画凹凸花于一乘寺，其花乃天竺遗法，朱及青绿所成，远望眼晕，如凹凸，就视即平，世咸异之，乃名凹凸寺云，北魏时，道士寇谦之等，效佛徒所为，设为图象，于是道教画与佛画并行，唐以李氏托始丁老子，道教流行，图象更盛；但佛象与道教象往往并出一手，如唐阎立奉既有维摩。孔雀明王。观音感应等佛象，而又有三清，元始，太上西升经等道教象；吴道玄既有阿弥陀佛，三方如来等象及佛会图，而又有木纹天尊、太阳帝君等象及列圣朝元图，是也。唐之中宗，禁而道相于佛寺，则知前此本有道，释混合之习惯，而至此始划分之。

故事画、人物画本多涉故事，而此时期故事画之较为复杂者，辄与文艺相关，相传汉刘褒画云汉图，人见之觉热；又画北风图，人见之觉凉；云汉、北风，皆《诗经》篇名。其后如卫协之毛诗北风图，毛诗黍离图，戴逵之渔父图，十九首诗图，皆其例也。而流传至今者，惟有顾恺之之女史箴图卷，自《宣和画谱》以至《石渠宝笈》等书，均载及之；清乾隆时，尚存于北京内府御书房中，经义和团之变，流入英国，现存伦敦博物馆中。

人物画中之士女，在此时期，亦渐演为专精之一种。汉蔡邕之小列女图，王廙之列女传仁智图，陈公恩之列女传仁智图，列女传贞节图，已开其端，尚以《列女传》为凭藉。顾恺之之三天女美入图，孙尚之之美人诗意图，已专画美人，至唐而有张萱、周昉，始以士女名家。

动物、植物之描画，已起于前时期。在此时期中，亦渐有确定之范围。汉之武荣祠，有虎、马、鱼、鸟及萁荚等图，镜背有勒蜂、蝶、鹊、鸽与蒲、桃者。又史称汉文帝在未央宫承明殿画屈轶草。及晋而有顾恺之之凫雁水洋图，顾景秀之蝉雀图，史道硕之八骏图等。及唐而始有曹霸，韩干等以画马名，戴嵩以画牛名，韦无忝、刁光以戏描图名，边鸾、周滉以花鸟名。

宫室之画，前期所有。汉以后，如史道硕之金谷园图，梁元帝之游春苑图，亦其一类。至隋而始有展子虔、董伯仁、郑法士等，以台阁擅长。

画之中有为此时期所创造而发展甚速者，山水画是也。载籍所传，戴逵之吴中溪山邑居图，顾恺之之雪霁望五老峰图，殆为山水画中之最古者。其后宗炳作山水序，梁元帝作山水松石格，足见山水画流行之广。至唐而有三大家：（一）吴道玄，行笔纵放，如风雨骤至，雷电交作，一变前人陆探微等细巧之习。（二）李思训。画着色山水，笔势遒劲，金碧辉映，时人谓之大李将军；其子昭道，变父之势，妙又过之，称小李将军，是为北宗。（三）王维，善破墨山水，山谷郁盘，云水飞动，意生尘外，怪生笔端。始用渲淡，一变拘研之法，是谓南宗。山水画发展之远大，于此可见。

此千余年间，画之种类渐增，分工渐密，人物画之蕃变，已造极点。山水画亦已为后人开无数法门矣。

（乙）书之演进

书之进化，与画稍有不同。随时代之需要而促多数善书者之注意，汉代流传最多者，为篆、隶、分三体。自晋以后，竞为楷法，以行、草辅之。其他各体，偶有参用而已。

汉人近承周、秦，用篆尚多；在钟鼎上有类似秦刻石文者，如孝成、上林诸鼎是，有类似秦权文者，如汾阴、好时诸鼎是，有体近扁戢者，如绥和鼎铭等是；有偏于方折者，如陶陵鼎铭是。其在瓦当文，往往体兼圆方：惟转婴柞舍，六畜蕃息等文，则偏于方折，其在印章，则匀齐圆润，不涉支蔓。其在泉币及镜背，则类似秦权，间参隶势。其在石刻，则尚存二十余种，其中以三公山之苍古，少室神道阙与开母庙石阙铭之茂密，为最有价值焉。三国，有吴碑二，苏建所书之封禅国山碑，以雅健称；皇象所书之天发神谶碑以奇伟称焉。自晋初以至隋末，凡三百五十三年，以能篆著称者，不过二十六人；唐代二百八十八年，能篆者八十一人。唐代时期较短，而能篆者几三倍于前时期，殆有篆学中兴之象。但前时期之二十六人中，有著《汉书》之班固与著《后汉书》之范晔，以草书著名之卫瓘，著《玉篇》之顾野王，撰集古今文字之江式，均非专以一技名者。而妇女中，亦有庾亮妻荀夫人，以兼善正行篆隶，于韦续《九品书人论》十，占上之下云。唐代八十一人中，有以楷书著名之欧阳询，著《喀书断》之张怀瓘；且有功业彪炳之李德裕，篆题阎立本之太宗步辇图，可称两美。其最以书法自负者为李阳冰，以直接秦刻石自任，所谓"斯翁之后，直至小生"者也。所书有谦卦爻辞、三愤砰、滑州新驿记等。其在缙云者，有孔子庙记。城隍神汜及忘归台铭三碑，篆文最细瘦，欧阳修（《集古录》）谓："世言此三石皆活，岁久渐生，刻处几合，故细尔。然时有数字笔画伟劲者，乃真迹也。"赵明诚 （《金石录》）则谓："此数碑皆阳冰在肃宗朝所书，是时年尚少，故字画差疏瘦；至大历以后诸碑，皆英年所篆，笔法愈淳劲，理应如此也。"又有大历二年及三年瞿令问所书之元结晤台、浯溪。唐顾三铭，垂画甚长，亦仿秦篆音。其后有李灵省，为欧阳氏所注意，谓："唐世篆法，自李阳冰以后，寂然未有显于当世而能自〈成〉名家者，灵省所书阳公碣，笔画甚可嘉。"盖灵省曾为阳公旧隐碣篆额也，

八分书为汉人刻意求工之体（分与隶之别，异说至多，今从包世臣说，以笔近篆而体近真者为隶，笔势左右分布相背者为八分）。最工于此者为蔡邕，其最大之作品，为熹平四年之石经，即《后汉书》本［列］传所谓。"邕自书册于碑，使工镌刻，立于大学门外［者也］。"然传称邕与堂溪典、杨赐、马日磾、张驯、韩说、单飏等正定六经文字；而石经残本，于《公羊传》后有赵陜、刘宏、张文，苏陵、傅桢等题名；《论语》后有左立，孙表等题名；故洪适（《隶释》）谓："今所存诸经，字体各不同……窃意其间必有同时挥毫者。"其他若华山、鲁峻、夏承、谯敏等碑，有疑出邕手者，皆未可信。其他师宜官。梁鹄（或云孔羡碑为鹄书，然未确）邯郸淳及蜀诸葛亮等，虽以善八分著，而作品亦未能确指。现在所见八分书各碑，除武班碑为纪伯元书、卫方碑为米登书、樊敏碑为刘栗书外，虽均未能确定为何人所书，而每一种均各有独到之点，非工书者不能为。康有为谓"骏爽则有景君、封龙山、冯绲；疏宕则有西狭颂、孔宙、张寿；高浑则有杨孟文、杨著、夏承；丰茂则有东海庙、孔谦校官；华艳则有尹宙、樊敏、范式；虚和则有乙瑛、史晨；凝整则有衡方、白石神君、张迁；秀韵则有曹全、元孙；以今所见真书之妙，诸家皆有之。"非溢美之言也。

自晋至隋，以善八分称者不过十人；而善草书之索靖，善隶行草书之王羲之，皆与焉。有陈畅曾书晋宫观城门，刘镶之题太极殿旁。有唐一代，工八分者，百五十余人，而苦吟之贾岛，善哭之唐衢，作《法书要录》及《历代名画22》之张彦远皆与焉。欧阳修谓："唐世分隶名家者，四人而已，韩择木、蔡有邻、李潮及史惟则也。"杜甫所作李潮八分小篆歌，有云："尚书韩择木，骑

曹蔡有邻，开元以来数八分，潮也奄有二子成三人。"史惟则外，又有史怀则，亦善八分，疑为昆弟。又有韩秀弼，韩季实、韩秀荣三人，亦同时以八分书碑？疑亦昆弟也。李邕以真行著，而分书亦称遒逸；《旧唐书》称："邕所撰碑碣之文，必请张廷珪以八分书之。"廷珪分书之精，于此可见矣。

隶为秦，汉间胥吏应用之书体，不常用以刻石；汉石刻中，如永光三处阁道，开通褒斜道，裴岑纪功碑等，皆仅见之作也。其后稍稍参用八分书之波磔，则演为魏、晋以后之隶书，即后世所称为楷书，或真书，或正书者。自晋以后，公私文书，科举考试，经籍印行，无不用此体者，等于秦以前之篆矣。而美术性质之隶书，则托始于魏，晋之锺、王。

魏公卿将军上尊号奏及受禅表两石刻，相传为锺繇所书，然未能证实也。相传繇之墨迹，有贺捷、力命。荐季直诸表，及宣示帖等。其子会及其外孙苟勖，均能传其笔法。及晋王导，携其宣示帖渡江，导从子羲之，先学于卫夫人铄，嗣后参酌锺繇及李斯。曹喜、蔡邕、梁鹄、张昶之法，自成一家。所写黄庭经、乐毅论，东方朔画赞、孝女曹娥碑等，被推为"古今之冠"。羲之于献之，"幼学父书，次习于张芝，后改变制度，别创其法，率尔师心，冥合天矩"（别传）。所书有洛神赋。保母李意如圹志等。嗣后言隶书者，恒言师锺、王；或曰师王祖锺；或曰出于大王（羲之），或曰师资小王或曰书宗二王。虽繇同时之卫觊，二王同时之羊欣等，均未能与之抗衔也。晋代以隶书名者百十余人，其为受锺、王之影响无疑。嗣是而宋二十六人，齐二十三人，梁三十二人，陈十六人。中如陶宏景者，以所书瘗鹤铭，为后代所宗仰；然张怀瓘（《书断》）渭：宏景书师锺、王，采其气骨，时称与萧子云、阮研等，各得右军一体。又萧子云自云：善效锺之常，王逸少，而微变字体。可以见当时评书之标准，不离锺，王矣。

其在北朝，称善隶书者，魏三十余人，北齐二十人，周八人。魏初重崔、卢之书。崔氏以书名者，为宏及其子悦、简；卢氏则有伯源。宏祖悦与伯源六世祖谌，以博艺齐名，谌法锺繇，悦法卫瓘。谌传子偃，偃传子邈，悦传子潜，潜传于宏，世不替业（见《北史·崔浩传》）。是知魏代书家以锺，卫之派为多。周之王褒，萧子云之内侄也，子云特善草隶，褒少去来其家，遂相模范；名亚子云。赵文深，少学阶隶，年十一，献书于魏帝，推有僮王之则。是北方书家，亦锺、王流派也。

但北魏、北齐诸石刻中，有专用方笔一派，以龙门造象为最著，显与宋帖中所摹魏、晋人书不同，因而阮元有南帖北碑之说，谓南派有婉丽高浑之笔，寡雄奇方朴之遗。康有为则谓北碑中若郑文公之神韵，灵庙碑阴、晖福寺之高简，石门铭之疏逸、刁遵、高湛、法生、刘懿、敬显儁、龙藏寺之虚和婉丽，何尝与南碑有异？南碑中如始兴王之戈戟森然，山锋布势，何尝与张猛龙、杨大眼笔法有异？用以反对阮氏南、北之派，碑、帖之界。然康氏所举，不过偶有例外，就大体说，阮说是也。《礼记·乡饮酒义》，谓："天地严凝之气，始于西南，而盛于西北，此天地之尊严气也，此天地之义气也。天地温厚之气，始于东北，而盛于东南，此天地之感德气也，此天地之仁气也。"曾国藩尝引以说文学中阳刚之美与阴柔之美之不同，书法中温厚与严凝之别，亦犹是耳。南人文弱，偏于温厚；北方质实，偏于严凝。胡适《白话文学史》特揭斛律金敕勒歌之雄强，谓与南朝不同，亦足为旁证也。

隋祚颇短，而称善书者亦二十余人。其中如丁道护者，蔡襄称其兼后魏遗法，且谓"隋、唐之间，善书者众，皆出一法，而道护所得为多。"又窦臮谓："赵文深师右军，赵文逸效大令；当乎凉之后，王褒入国，举朝贵胄，皆师于褒，唯此二人独负二王之法，临二王之迹。"足见南北两派互竞之状态。然统一之初，渐趋协调，势所必至。康有为谓"隋碑内承周齐峻整之绪，外收梁陈绵丽之风，简要清通，汇成一局。龙藏碑统合分隶，并吊比干文，郑文公、敬使君、刘懿、李仲璇诸派，荟萃为一，安静浑穆，骨鲠不减曲江而风度端凝，此六朝集成之碑也。"可以观其概矣。

唐代二百八十八年，以工隶书名者及七百余人，可谓盛矣，其间活用古法，自成一家者，虞世南、褚遂良等，继承南派之姿媚，而参以北派之遒劲；

欧阳询、柳公权等，袭北派之险峻，而参以南派之动荡；徐浩之骨劲而气猛，李邕之放笔而丰体，颇拟融和南北，而各有所偏，其能集大成而由中道者，其颜真卿乎！朱长文（《墨池编》）云："观中兴颂则阂伟发扬，状其功德之盛，观家庙碑，则庄重笃实，见其承家之谨；观仙坛记则秀颖超举，象其志气之妙；观元次山铭，则淬涵深厚，见其业隙之纯。点如坠石，画如夏云，钩如屈金，戈如发弩，纵横有象，低昂有态，自羲、献以来，未有如公者也。"诚确论也。

行书和隶书之小变，张怀瓘（《书断》）谓："桓、灵之时，刘德升以造行书擅名。"陆深（《书辑》）谓："德升小变行法，谓之行书，带真谓之真行，带草谓之草行。"卫恒（《书断·引》）谓："胡昭与钟繇：并师于刘德升，俱善草行，而胡肥钟瘦。"羊欣（《能书人名》）谓："钟繇书有三体，三曰行押（谓行书），相关者也。"知行书实托始于行押，而独立成一体，则在魏、晋之间。

以善行书著名者，晋三十六人，宋、齐、梁、陈四朝三十七人，魏、北齐、周三朝十人，隋五人，而唐则百六十四人。晋人中，自以王羲之为巨擘，其最著之作品为兰亭序；而刘琨、谢安，皆其选也。陈之江总，周之庾信，亦以行书名。唐代，如欧阳询、褚遂良、柳公权等，善楷书者，无不兼善行书；而李白、杜甫、顾况、张籍、杜牧诸诗人之行书，亦为时人所宗尚云。

草书者，王愔（《文字志》）谓：汉元帝时，黄门令史游作急就章，解散隶书，粗书之。张怀瓘（《书断》）谓：存字之梗概，损隶之规矩，纵任奔逸，赴俗急就，因草创之义，谓之草书，后世谓之章草。（《后汉书》称：北海敬王睦善文书，及寝病，明帝使驿马，令作草书尺牍十首。草书始于汉代无疑。

善草书者，汉及三国二十五人，晋七十四人，宋、齐、梁、陈四朝六十人，魏、北齐、周三朝二十六人，隋十九人，而唐则百二十七人。汉杜度为齐相，善章草，见称于章帝，上贵其迹，诏使草书上事。崔瑗师于杜度，点画之间，莫不调畅。张芝学崔、杜之法，因而变之，以成今草书之体势，韦仲将谓之草圣。晋卫瓘与索靖俱善草书，论者谓瓘得伯英（张芝）筋，靖得伯英肉，王羲之自谓比张芝草，犹当雁行。常以章草答庾亮。翼（亮弟）与书云："昔有伯英十纸，过江亡失，常叹妙迹永绝，忽见足下答家兄书，焕若神叨，顿还旧观。"足见自汉迄晋，均以张芝为标准矣。

王献之幼学父书，次习于张。陆深（《书辑》）谓，"羲、献之书，谓之今草。"张怀瓘（《书断》）谓："逸少与从弟洽变章草为今草，韵媚宛转，大行于世。"是知二王出而草书又革新。张融善草书，常自美其能，齐高帝曰："卿书殊有骨力，但恨无二王法。"答曰："非恨臣无二王法，亦恨二王无臣法。"足见当时二王法之盛行矣。羲之七世孙释智永草书入妙，临真草千文八百余本。

至于唐代，孙过庭草书宪章二王，工于用笔，作《书谱》。张旭自言见公主担夫争道，又闻鼓吹而得笔法意；观倡公孙舞剑器，得其神，杜甫《饮中八仙歌》云："张旭三杯草圣传，脱帽露顶王公前，挥毫落纸如云烟。"可以见其豪情矣。李筌（《国史补》）谓：张旭草书得笔法，后传崔邈，颜真卿。据《书史会要》《书苑菁华》等书，则张旭传邬肜，邬肜传怀素，而怀亲自谓得草圣三昧焉。

经此时期，易籀篆之世界而为行楷之世界，分书草书！虽亦曾盛极一时，然自此以后，与籀篆同为偶然寄兴之作，不及行楷之普遍矣。

第三章　近世——书画特别发展时期

有唐一代书画之规模大备，后有作者，能不为前贤所掩，以逸品为多，放谓之特别发展焉。

五代十国，仅五十三年，而以画名者百五十人，以书名者百有八人。而其间尤著之画家，有梁之荆浩、关仝，南唐之徐熙，前蜀之李升，后蜀之黄筌等。书家有梁之杨凝式，南唐之徐锴。王文秉，吴越之忠懿王等。而南唐后主。前蜀之释贯休、吴越之武肃王，则并长书画云。

荆浩，关仝，皆山水画家。浩善为云中山顶，气局笔势，非常雄横。尝语人曰："吴道于画山水，有笔而无墨；项容有墨而无笔，吾当采二子之所长，成一家之体。"仝初师浩，中岁精进，间参王维笔法，喜作秋山、寒林。村居，野渡，幽人、逸士、渔市。山驿，笔愈简已气愈壮，景愈少而意愈长。

徐熙善花果，以落墨写其枝叶蕊萼，后略傅色，故超逸古雅。黄筌之花鸟画，先行勾勒，后填色彩，后世称为双钩法。徐体没背渍染，旨趣轻淡野逸；黄体钩勒填彩，旨趣哝艳富丽；以山水为例，徐体可谓南宗，黄体可谓北宗也。

杨凝式喜作字，尤工颇草，与颜真卿行书相上下。黄庭坚谓："余曩至洛阳，偏观僧壁间杨少师书，无一不造微入妙。"徐锴与其兄铉校订《说文解字》，故锴以善小篆名。王文秉篆书，笔甚精劲，远过徐锴。吴越忠懿王善草书，末太宗称为"笔法入神晶"焉。

南唐后主工书画，郭若虚（《图画见闻志》）谓："观所画林木飞鸟，远过常流，高出意外。"《宣和画谱》谓："画清爽不凡，别为一格。又能为墨竹，画风虎云龙图，有霸者之略。"陶谷（《清异录》）谓："后主善书，作颤笔，穋曲之状，遒劲如寒松霜竹，谓之金错刀。"后蜀释贯休，善画罗汉，貌多奇野，立意绝俗。又善书，工篆隶，并善草书，时人比诸怀素。吴越武肃王画墨竹，善草隶。

宋代三百十四年，以画名者九百八十六人，加以辽五人，金五十六人，为千有九十四人。以书名者九百有三人，加以辽十三人，金七十人，为九百八十六人。而画家之最著者，有李成、范中正、董源、巨然等；书家最著者，有蔡襄、黄庭坚及金之党怀英等。其兼善书画者，则有郭忠恕、文同、苏轼、米芾、米友仁父子、李公麟等。

李成工山水，初师关仝，卒自成家。刘道醇（《圣朝名画评》）谓："成之为画，精通造化，笔尽意在；扫千里于咫尺，写万趣于指下；峰峦重叠，间露祠墅，此为最佳。至于林木稠薄，泉流深浅，如就真景，思清格老，古无其人。"范中正性缓，时人目为范宽。居山林间，常危坐终日，纵目四顾，以求其趣；虽雪月之际，必徘徊凝览，以发思虑。学李成笔，虽得精妙，尚出其下，遂对景造意，不取繁饰，写山真骨，自为一家。董源善画山水，峰峦出没，云雾显晦；不装巧趣，皆得天真。岚色郁苍，枝干挺劲，咸有生意；溪桥渔浦，洲活掩映，一月江南也。巨然山水，祖述董源，皆臻妙理，少年多作矾头，老年平淡趣高。论者谓前之荆，关，后之董，巨，辟六法之门庭，启后学之蒙瞳，皆此四人也。

蔡襄真行草皆优入妙，少务刚劲，有气势；晚归于淳淡婉美。郑杓（《书法流传图》）谓："书学自汉蔡邕至唐崔纤，皆亲授受，惟襄毅然独起，可谓间世豪杰之士。"黄庭坚善草书，楷法亦自成一家。尝自评：元祐间书，笔意痴钝，用笔多不到；晚入峡，见长年荡桨，乃悟笔法。金党怀英工篆书，赵秉文（畦滏水集》）谓："怀英篆籀入神，李阳冰之后，一人而已。"郭忠恕师事关仝，善图屋壁重复之状，颇极挢妙。工篆籀，小楷八分亦精。李公麟博学精识，用意至到；凡目所睹，即领其要。始学顾。陆与僧繇。道元及前世名手佳本，乃集众善，以为已有，吏自立意，专为一家。尤工人物，能分别状貌，使人望而知。初画鞍马，愈于韩幹；后一意于佛，尤以白描见长。书法亦极精，画之关纽，透入书中。于规矩中特飘逸，绰有晋人风度。文同善画竹，其笔法槎牙劲削，如作枯木怪石，特有一种风味。亦善山水。善篆隶行草飞白，自言学草书几十年，终未得古人用笔相传之法，后因见道上斗蛇，遂得其妙。苏轼善画竹，尝在试院，兴到无墨，遂用朱笔写竹；后人竟效之，即有所谓朱竹者，与墨竹相辉映矣。又能作枯木、怪石、佛象，笔皆奇古。又善书，其子过曰：吾光君子岂以书自名哉？特以其至大至刚之气，发于胸中，而应之于手；故不见有刻画妩媚之态，而端乎章甫，若有不可犯之色。少年喜二王书，晚乃学颜平原，故时有二家风格。米芾画山水人物，自名一家。尝曰："伯时（李公麟）病右手后，余始作画；以李常师吴生，终不能去其气；余乃取顾高古，不使一笔入吴生。"又以山水，古今相师，少有出尘格；因信笔为之，多以烟云掩映树木，不取工细。其子友仁，天机超逸，不事绳墨。其所作山水，点滴烟云，草草而成，而不失天真。芾善书，行笔入能品，沈着痛快，如乘骏马，进退裕如，不须鞭勒，无不当人意。仁书虽不逮其父，然如王、谢家子弟，自有一种风格。

元代九十年，以画名者四百二十余人，以书名者四百八十五人，而最著名之画家，有高克恭。李衎，黄公望等，最著名之书家，有鲜于枢、袁桷。揭模斯等；书画兼长，则有赵孟頫。管道升夫妇。钱选。柯九思。倪瓒。王蒙，吴镇等。

高克恭好作墨竹，尝自题云："子昂（赵孟頫）写竹，神而不似；仲宾（李衎）写件竹，似而不神；其神而似者，吾之两此君也。"画山水，初用二米法，写林峦烟雨，晚更出入董北苑（董源），故为一代奇作。李衎善写竹，师文同；兼善画竹法，加青绿设色。后使交址，深入竹乡，于竹之形色情状，辨析精到；作画竹、墨竹两谱。黄公望山水，初师董源、巨然，晚年变其法？自成一家。居富春，领略江山钓台之概。性颇毫放，袖携纸笔，凡遇景物，辄即模记。后居常熟，探阅虞山朝暮之变幻，四时阴霁之气运，得于心而形于笔，故所画千丘万壑；愈出愈奇；重峦叠嶂，越深越妙。其设色，浅绛者为多，青绿水墨者少。山水画以王蒙，倪瓒，吴镇与公里为元季四大家，而公里为冠。

鲜于枢早岁学书，愧未能如古人；偶适野，见二人挽车行淖泥中，遂悟书法。多为草书，其书从真行来，故落笔不苟，而点画所至，皆有意态。陆深渭："书法敝于宋季，元兴，作者有功；而以赵吴兴（孟頫）、鲜于渔阳（枢）为巨擘，终元之世，出入此两家。"袁桷书从晋、唐中来，而自成一家。揭傒斯楷法精健间雅，行书尤工。国家典册及功臣家传赐碑，遇其当笔，往往传诵于人。四方释老氏碑版购其文若字，衮及殊域。

赵孟頫画法，有唐人之致，去其纤；有宋人之雄，去其犷。他人画山水竹石人马花鸟，优于此或劣于彼，孟頫悉造其微，穷其天趣。善书，篆籀分隶真行草，无不冠绝古今。鲜于枢谓：子昂篆隶正行颠草为天下第一，小惜又为子昂诸书第一。其夫人管道升善画墨竹梅兰，晴竹新篁，是其始创。亦工山水佛象。善书，手书金刚经至数十卷，以施名山名僧。倪瓒山水，初以董源为师，晚一变古法，以天真幽淡为宗。不着人物，着色者甚少，间作一二绘染，深得古法。翰札奕奕有晋宋人风气。王蒙为孟頫外孙，素好画，得外氏法，又泛滥唐宋名家，而以董源、王维为宗，放纵逸多姿。常用数家皴法，山水多至数十重，树木不下数十种，径路迂回，烟霭微茫，曲尽山林幽致。书亦有家法。吴镇山水师巨然，墨竹效文同，俱臻妙品。书古雅有余。

明代二百七十六年，善画者一千三百二十二人，菩书者一千五百七十一人；而其中最著之画家，有戴进、周臣、唐寅、沈周、仇英、崔子忠、陈洪绶、边文进、吕纪、林良、周之冕、宋克、王冕等。最著之书家，有宋濂、宋璲父子，高启、解缙，陈献章、王守仁、祝允明、陆深、黄道周等。书画兼长者，有文徵明、徐渭、董其昌、陈继儒等。

戴进，钱唐人。嘉靖以前，山水画家有绍述马远、夏珪，略变其浑厚沈郁之趣而为劲拔者，是为浙派，以进为领袖。进画神象、人物、走兽、花果、翎毛，俱极精致。周臣、唐寅，均当时院派之有力者，院派用笔，较浙派为细巧缜密，且多有柔淡雅秀，近于当时所谓吴派者。臣所作山水人物，峡深岚厚，古面奇妆，有苍苍之色。寅画法沈郁，风骨奇峭，刊落庸琐，务求浓厚；连江叠巘，洒洒不穷。名成而闲居，作美人图，好事者多传之。仇英，师周臣，所画士女、鸟兽、台观、旗辇、军仗、城郭、桥梁之类，皆追摹古法，参用心裁，流丽巧整。沈周，长洲人，与文徵明，董其昌、陈继儒，为吴派山水四大家所作，长林巨壑，小市寒墟，高明委曲，风趣洽然。其他人物、花卉、禽鱼，悉入神品。崔子忠，顺天人；陈洪绶，诸暨人；以人物齐名，时号南陈北崔。边文进，花鸟宗黄筌，而作妍丽工致之体。林良，创写意派，作水墨花卉、翎毛、树木，皆遒劲如草书。周之冕，创钩花点叶体，合前述两派而为之，写意花卉，最有神韵，设色者亦皆鲜雅，家畜、各种禽鸟，详其饮啄飞止之态，故动作俱有生意。宋克善写竹。王冕善写墨梅。

宋濂草书有龙盘凤舞之象，尤精细楷。一黍上能作字千余。子隧，精篆隶真草书。书法瑞劲温厚，秀拔雄逸，规矩二王，出入旭素。草书如王骥行中原，一日千里，超涧渡险，不动气力，虽若不可踪迹，而驰骋必合程矩。解缙小楷精绝，行草亦佳。陈献章书法，得之于心，随笔点画，自成一家。王守仁善行书，得右军骨，清劲绝伦。祝允明天资卓越，临池之工，指与心应，腕与笔应，其书如绵裹铁，如印印泥。陆深真草行书，如铁画银钩，遒劲有法，颉颃李邕，而伯仲赵孟頫，一代之名笔。黄道周，隶草自成一家。

文徵明画，远学郭熙，近学赵孟頫，而得意之笔，以工致胜。至其气韵神采，独步一时。少拙于书，刻意临字，亦规模宋、元；既悟笔意，递悉弃去，专法晋、唐。其小楷虽自黄庭、乐毅中来，而温纯精绝。隶书法锺繇，独步一世。徐渭画花草竹石，皆超逸有致。喜作书，笔意奔放，苍劲中姿媚跃出。陈继儒山水，气韵空远，虽草草泼墨，亦苍老秀逸。书法苏轼。董其昌画，初学黄公望，后集宋。元诸家之长，作山水树石，烟云流润，神气充足，独步当时。书法，少寸临摹真迹，至忘寝食；中年，恬入微际，遂自名家；行楷之妙，跨绝一代。自谓："余书与赵文敏（孟頫）较，各有短长；行间茂密，千字一同，吾不如赵。若临仿历代，赵得其十一，吾得其十七。又赵书因熟得俗态，吾书因生得秀色。吾书往往率意；当吾作意，赵书亦输一筹；第作意者少耳。"

清代二百六十七年，画家人数，据郑昶《中国画学全史》，当在四千三百人以上。书家则尚无统计。画家之最著者，有王时敏、王鉴、王原祁、王翚、恽寿平、吴历、陈洪绶，释道济、朱耷、焦秉贞、李鳝、华嵒、罗聘、余集、戴熙、任熊、任颐等。书家之最著者，有姜宸英、刘墉、姚鼐、翁方纲、伊秉绶、杨沂孙、邓琰、包世臣、何绍基、张裕钊、翁同龢、沈曾植、康有为等。书画兼长者，有严绳孙、金农、郑燮、赵之谦、吴俊卿等。

王时敏为清初娄东派山水领袖，运腕虚灵，布墨神逸，随意点刷，丘壑浑成，晚年亦臻神化。王鉴作山水，沈雄古逸，皴染兼长。工细之作，仍能纤不伤雅，绰有余妍；虽青绿重色，面一种书卷之气，盎然纸墨间。原祁为时敏之孙，所作气味深淳，中年秀润，晚年苍浑。王翚为鉴弟子，面天资人功，俱臻绝顶，集南北宗大成，为华亭派领袖。以上四人，为清初山水四大家，世称四王。

恽寿平写生，斟酌古今，以徐熙、徐崇嗣为归，一洗时习，为写生正派，间写山水，一丘一壑，超逸高妙，不染纤尘。吴历得王时敏之传，刻意摹古，遂成大家，为虞山派；其出色之处，能深得唐寅神髓，不袭其北宗面目。信奉天主教，尝游澳门，其画亦往往带西洋色彩焉。陈洪绶儿时学画，便不规规形似。所画人物，躯干伟岸，衣纹清圆而细劲，爷李公麟，赵孟頫之妙。释道济山水自成一家，下笔古雅，设想超逸。竹石梅兰均极超妙。朱耷画以简略胜，其精密者，尤妙绝，山水、花鸟、竹木，均生动尽致。焦秉贞，工人物，其位置之法，自近而远，由大及小，纯用西洋画法；尤为写真名家。李蝉为扬州八怪之一，以竹石花卉，标新立异，机趣天然。华曲写生，纵逸驰岩，粉碎虚空，种种神趣，无不领取毫端，独开生面，足与恽寿平并驾，其影响于清代中叶以后之花鸟画甚大。罗聘，作墨梅、兰竹、人物、佛像，皆颇奇古渊雅，有鬼趣图传世。戴熙帅法王翚，极有工力；虽落笔稍板，而一种静雅之趣，即寓其间。任熊工画人物，衣褶如银钩铁画，直入陈洪绶之室，而独开生面。任颐花卉，喜示宋人双钩法；山水人物，无所不能，兼善白描传神。

姜宸英善行楷，梁同书推为清朝第一，谓："好在以自己性情，合古人神理，初视之，若不经意，而愈看愈不厌，亦其胸中书卷浸淫酝酿所致。"刘墉初师董其昌，继由苏轼以窥阁帖，晚乃归于北魏碑志。用墨特为丰肥，而意兴学识，超然尘外。姚鼐借经倪瓒，上窥晋、唐，力避当时最风行之赵。董一派柔润习气，姿媚之中，有坚苍骨气。翁方纲终身学欧、虞，致力甚深。伊秉绶各体书皆工，而尤长于八分，扫除当时板滞之习气，而别开清空高邈之境界。

用颜真卿作真书法作八分，用汉人作八分法写颜体，为秉绶独得之秘。杨沂孙以轻描淡扫之笔势作篆，是其创格。邓琰作篆，宗二李，而纵横阖辟之妙，则得之史籀，稍参隶意。分书遒丽淳质，变化不可方物，结体严整，而浑融无迹。真书参篆分法。草书笔致蕴藉，无五季以来俗气。包世臣取法邓琰，用笔更方。何绍基师沽颜真卿，而有一种翩翩欲仙之姿态，分书尤空灵洒脱。张裕钊书，高古浑穆，点画转折，皆绝痕迹，而得态遒峭特甚。翁同龢亦师法颜真卿，而参入北碑体势。沈曾植书，专用方笔，翻覆盘旋，奇趣横生，康有为书法，出自北碑，而笔参篆分，倜傥多姿。

严绳孙山水、人物、鸟兽、楼台、界画，罔不精妙。精书法，善八分。金农善写梅竹，画马，写佛像，布置花木，奇柯异叶，设色尤异。书法用笔方扁，特富逸气。郑燮善写兰竹，随意挥洒，苍劲绝伦；行书，杂揉篆分，恢诡有致。赵之谦，画笔随意挥洒，古意盎然；书法出自北碑，而以宛转流丽之笔写之。吴俊卿喜摹石鼓文，作花卉竹石，雄健古厚，有金石气。行书亦参籀笔，古劲可喜。

民元以来，公私美术学校，次第设立，均以欧洲画法为主体。工具既已不同，而方法从写实入手，以创作为归，与旧式之以摹仿古人为唯一津梁者，亦异其趣。各校之兼设国画科者，亦颇注意于沟通中西之道，尚在试验时期也。普通学校及专门学校之学生，以兼习西文之故，常用铅笔。钢笔草写国文，则毛笔作书之机会，为之减少。中小学中，虽尚有书法课程，而为他课所夺，决不能如往日私塾之熟练矣。

就普通状况而言，将来善书，善画者之人数，必少于往日，盖无疑义。惟数千年演进之国粹，必有循性所近，而专致力于此者，以取多用宏之故，而特辟一种新境界，非无望也。

结 论

综三时期而观之，最初书、画同状，书之象形，犹实物画也；指事，犹图案画也。及其渐进，画以致饰之故，渐趋于复杂而分化；书以致用之故，渐趋于简略而一致。如古代惟有几何式图案，至汉代浮雕，已具人物、神怪、宫室、器物、鸟兽、草木之属；至晋以后，则每一种渐演为专长，而且产生最繁复之山水画，此画之日趋于复杂与分化也。书法，在甲骨文及钟鼎文上，象形文已多用简笔，渐与图画不同；由古文而小篆，由篆而分，由分而楷、行，省略更多，此趋于简略也。周季，各国文字异形，及秦，而有同书文字之制；六朝碑，别字最多，及唐，而有干禄字书，五经文字以整齐之，此渐趋于一致也。是为书。画分途之因。及其最进，则致饰与应用之书画，自成一类，而别有自由表现之体，于是书画又互相接近。例如汉以前，以人物画为主要，而且注重模范人物，含有教育之作用，六朝以后，偏重释、道，则显然为宗教之关系。唐以后，偏重山水及花鸟，更于写实以外，特创写意一派；于著色以外，特创水墨一派。于是极工致极秾艳之图画，当然与书法相离益远，自显其独到之优点；而写意及水墨等派，则完全以作书者作画，亦即以作画者作书，而书画又特别接近矣。要之，中国书画，均以气韵为主，故虽不讳摹仿，而天才优异者，自能表现个性，不为前人所掩。且苟非学问胸襟，超出凡近，而仅仅精于技术者，虽有佳作，在美术工艺上当认其价值，而在中国现代书画上，则不免以其气韵之不高而薄视之。此亦中国书画上共通性之一，而在近代始特别发展者也。

附志 此篇多取材于佩文斋《书画谱》、日本大村西屋氏《中国美术史》（陈彬龢译本）、郑昶《中国画学全史》、包世臣《艺舟双楫》、康有为《广艺舟双揖》、沙孟海《近三百年书家》等。因所引太多，且间有点窜，故篇中并不逐条注所自出，特志于此，以免掠美。又此篇以国文起草，英译出林语堂先生手，谨志感谢。

1931年

▌导读▌ 在本文中，蔡元培回顾了自己掌印北京大学十余年的经历，主要谈及了《新青年》杂志的办刊情况、五四运动的经过等具体的历史事件。

我在北京大学的经历

北京大学的名称，是从民国元年起的。民元以前，名为京师大学堂，包有师范馆、仕学馆等，而译学馆亦为其一部。我在民元前六年，曾任译学馆教员，讲授国文及西洋史，是为我在北大服务之第一次。

民国元年，我长教育部，对于大学有特别注意的几点：（一）大学设法、商等科的，必设文科；设医、农、工等科的，必设理科。（二）大学应设大学院（即今研究院），为教授、留校的毕业生与高级学生研究的机关。（三）暂定国立大学五所，于北京大学外，再筹办大学各一所于南京、汉口、四川、广州等处（尔时想不到后来各省均有办大学的能力）。（四）因各省的高等学堂，本仿日本制，为大学预备科，但程度不齐，于入大学时发生困难，乃废止高等学堂，于大学中设预科（此点后来为胡适之先生等所非难，因各省既不设高等学堂，就没有一个荟萃较高学者的机关，文化不免落后；但自各省竞设大学后，就不必顾虑了）。

是年，政府任严幼陵君为北京大学校长。两年后，严君辞职，改任马相伯君。不久，马君又辞，改任何锡侯君，不久又辞，乃以工科学长胡次珊君代理。民国五年冬，我在法国，接教育部电，促回国，任北大校长。我回来；初到上海，友人中劝不必就职的颇多，说北大太腐败，进去了，若不能整顿，反于自己的声名有碍。这当然是出于爱我的意思。但也有少数的说，既然知道他腐败，更应进去整顿，就是失败，也算尽了心。这也是爱人以德的说法。我到底服从后说，进北京。

我到京后，先访医专校长汤尔和君，问北大情形。他说："文科预科的情形，可问沈尹默君；理工科的情形，可问夏浮筠君。"汤君又说："文科学长如未定，可请陈仲甫君。陈君现改名独秀，主编《新青年》杂志，确可为青年的指导者。"因取《新青年》十余本示我。我对于陈君，本来有一种不忘的印象，就是我与刘申叔君同在《警钟日报》服务时，刘君语我："有一种在芜湖发行之白话报，发起的若干人，都因困苦及危险而散去了，陈仲甫一个人又支持了好几个月。"现在听汤君的话，又翻阅了《新青年》，决意聘他。从汤君处探知陈君寓在前门外一旅馆，我即往访，与之订定。于是陈君来北大任文科学长，而夏君原任理科学长，沈君亦原任教授，一仍旧贯；乃相与商定整顿北大的办法，次第执行。

我们第一要改革的，是学生的观念。我在译学馆的时候，就知道北京学生的习惯。他们平日对于学问上并没有什么兴会，只要年限满后，可以得到一张毕业文凭。教员是自己不用功的，把第一次的讲义，照样印出来，按期分散给学生，在讲坛上读一遍，学生觉得没有趣味，或瞌睡，或看看杂书，下课时，把讲义带回去，堆在书架上。等到学期、学年或毕业的考试，教员认真的，学生就拼命的连夜阅读讲义，只要把考试对付过去，就永远不再去翻一翻了。要是教员通融一点，学生就先期要求教员告知他要出的题目，至少要求表示一个出题目的范围；教员为避免学生的怀恨与顾全自身的体面起见，往往把题目或范围告知他们了。于是他们不用功的习惯，得了一种保障了。尤其北京大学的学生，是从京师大学堂老爷式学生嬗继下来（初办时所收学生，都是京官，所以学生都被称为老爷，而监督及教员都被称为中堂或大人）。他们的目的，不但在毕业，而尤注重在毕业以后的出路。所以专门研究学术的教员，他们不见得欢迎。要是点名时认真一点，考试时严格一点，他们就借个话头反对他，虽罢课也所不惜。若是一位在政府有地位的人来兼课，虽时时请假，他们还是欢迎得很，因为毕业后可以有阔老师做靠山。这种科举时代遗留下来的劣根性，是于求学上很有妨碍的。所以我到校后第一次演说，就说明："大学学生，当以研究学术为天职，不当以大学为升官发财之阶梯。"然而要打破这些习惯，只有从聘请积学而热心的教员着手。

那时候因《新青年》上文学革命的鼓吹，而我们认识留美的胡适之君，他回国后，即请到北大任教授。胡君真是"旧学邃密"而且"新知深沉"的一个人，所以一方面与沈尹默、兼士兄弟，钱玄同、马幼渔、刘半农诸君以新方法整理国故，一方面整理英文系。因胡君之介绍而请到的好教员，颇不少。

我素信学术上的派别是相对的，不是绝对的；所以每一种学科的教员，即使主张不同，若都是"言之成理、持之有故"的，就让他们并存，令学生有自由选择的余地。最明白的是胡适之君与钱玄同君等绝对的提倡白话文学，而刘申叔、黄季刚诸君仍极端维护文言的文学；那时候就让他们并存。我信为应用起见，白话文必要盛行，我也常常作白话文，也替白话文鼓吹；然而我也声明：作美术文，用白话也好，用文言也好。例如我们写字，为应用起见，自然要写行楷，若如江艮庭君的用篆隶写药方，当然不可；若是为人写斗方或屏联，做装饰品，即写篆隶章草，有何不可？

那时候各科都有几个外国教员，都是托中国驻外使馆或外国驻华使馆介绍的，学问未必都好，而来校既久，看了中国教员的阑珊，也跟了阑珊起来。我们斟酌了一番，辞退几人，都按着合同上的条件办的。有一法国教员要控告我，有一英国教习竟要求英国驻华公使朱尔典来同我谈判，我不答应。朱尔典出去后，说："蔡元培是不要再做校长的了。"我也一笑置之。

我从前在教育部时，为了各省高等学堂程度不齐，故改为各大学直接的预科。不意北大的预科，因历年校长的放任与预科学长的误会，竟演成独立的状态。那时候预科中受了教会学校的影响，完全偏重英语及体育两方面；其他科学比较的落后，毕业后若直升本科，发生困难。预科中竟自设了一个预科大学的名义，信笺上亦写此等字样。于是不能不加以改革，使预科直接受本科学长的管理，不再设预科学长。预科中主要的教课，均由本科教员兼任。

我没有本校与他校的界限，常为之通盘打算，求其合理化。是时北大设文、理、工、法、商五科，而北洋大学亦有工、法两科。北京又有一工业专门学校，都是国立的。我以为无此重复的必要，主张以北大的工科并入北洋，而北洋之法科，刻期停办。得北洋大学校长同意及教育部核准，把土木工与矿冶工并到北洋去了。把工科省下来的经费，用在理科上。我本来想把法科与法专并成一科，专授法律，但是没有成功。我觉得那时候的商科，毫无设备；仅有一种普通商业学教课，于是并入法科，使已有的学生毕业后停止。

我那时候有一个理想，以为文、理两科，是农、工、医、药、法、商等应用科学的基础，而这些应用科学的研究时期，仍然要归到文、理两科来。所以文、理两科，必须设各种的研究所；而此两科的教员与毕业生必有若干人是终身在研究所工作，兼任教员而不愿往别种机关去的。所以完全的大学，当然各科并设，有互相关联的便利。若无此能力，则不妨有一大学专办文、理两科，名为本科；而其他应用各科，可办专科的高等学校，如德、法等国的成例，以表示学与术的区别。因为北大的校舍与经费，决没有兼办各种应用科学的可能，所以想把法律分出去，而编为本科大学；然没有达到目的。

那时候我又有一个理想，以为文、理是不能分科的。例如文科的哲学，必植基于自然科学；而理科学者最后的假定，亦往往牵涉哲学。从前心理学附入哲学，而现在用实验法，应列入理科；教育学与美学，也渐用实验法，有同一趋势。地理学的人文方面，应属文科，而地质地文等方面属理科。历史学自有史以来，属文科，而推原于地质学的冰期与宇宙生成论，则属于理科。所以把北大的三科界限撤去而列为十四系，废学长，设系主任。

我素来不赞成董仲舒罢黜百家、独尊孔氏的主张。清代教育宗旨有"尊孔"一款，已于民元在教育部宣布教育方针时说他不合用了。到北大后，凡是主张文学革命的人，没有不同时主张思想自由的；因而为外间守旧者所反对。适有赵体孟君以编印明遗老刘应秋先生遗集，贻我一函，属约梁任公、章太炎、林琴南诸君品题。我为分别发函后，林君复函，列举彼对于北大怀疑诸点；我复一函，与他辩。这两函颇可窥见那时候两种不同的见解，所以抄在下面。

这两函虽仅为文化一方面之攻击与辩护，然北大已成为众矢之的，是无可疑了。越四十余日，而有五四运动。我对于学生运动，素有一种成见，以为学生在学校里面，应以求学为最大目的，不应有何等政治的组织。其有年在二十岁以上对于政治有特殊兴趣者，可以个人资格参加政治团体，不必牵涉学校。所以民国七年夏间，北京各校学生，曾为外交问题，结队游行，向总统府请愿；当北大学生出发时，我曾力阻他们，他们一定要参与；我因此引咎辞职。经慰留而罢。到八年五月四日，学生又有不签字于巴黎和约与罢免亲日派曹、陆、章的主张，仍以结队游行为表示，我也就不去阻止他们了。他们因愤激的缘故，遂有焚曹汝霖住宅及攒殴章宗祥的事，学生被警厅逮捕者数十人，各校皆有，而北大学生居多数；我与各专门学校的校长向警厅力保，始释放。但被拘的虽已保释，而学生尚抱再接再厉的决心，政府亦且持不做不休的态度。都中喧传政府将明令免我职而以马其昶君任北大校长，我恐若因此增加学生对于政府的纠纷，我个人且将有运动学生保持地位的嫌疑，不可以不速去。乃一面呈政府，引咎辞职，一面秘密出京，时为五月九日。

那时候学生仍每日分队出去演讲，政府逐队逮捕，因人数太多，就把学生都监禁在北大第三院。北京学生受了这样大的压迫，于是引起全国学生的罢课，而且引起各大都会工商界的同情与公愤，将以罢工、罢市为同样之要求。政府知势不可侮，乃释放被逮诸生，决定不签和约，罢免曹、陆、章，于是五四运动之目的完全达到了。

五四运动之目的既达，北京各校的秩序均恢复，独北大因校长辞职问题，又起了多少纠纷。政府曾一度任命胡次珊君继任，而为学生所反对，不能到校；各方面都要我复职。我离校时本预定决不回去，不但为校务的困难，实因校务以外，常常有许多不相干的缠绕，度一种劳而无功的生活，所以启事上有"杀君马者道旁儿；民亦劳止，汔可小休；我欲小休矣"等语。但是隔了几个月，校中的纠纷，仍在非我回校不能解决的状态中，我不得已，乃允回校。回校以前，先发表一文，告北京大学学生及全国学生联合会，告以学生救国，重在专研学术，不可常为救国运动而牺牲。到校后，在全体学生欢迎会演说，说明德国大学学长、校长均每年一换，由教授会公举，校长且由神学、医学、法学、哲学四科之教授轮值，从未生过纠纷，完全是教授治校的成绩。北大此后亦当组成健全的教授会，使学校决不因校长一人的去留而起恐慌。

那时候蒋梦麟君已允来北大共事，请他通盘计划，设立教务、总务两处；及聘任、财务等委员会，均以教授为委员。请蒋君任总务长，而顾孟余君任教务长。

北大关于文学、哲学等学系，本来有若干基本教员，自从胡适之君到校后，声应气求，又引进了多数的同志，所以兴会较高一点。预定的自然科学、社会科学、文学、国学四种研究所，只有国学研究所先办起来了。在自然科学与社会科学方面，比较的困难一点。自民国九年起，自然科学诸系，请到了丁巽甫、颜任光、李润章诸君主持物理系，李仲揆君主持地质系。在化学系本有王抚五、陈聘丞、丁庶为诸君，而这时候又增聘程寰西、石蘅青诸君。在生物学系本已有钟宪鬯君在东南西南各省搜罗动植物标本，有李石曾君讲授学理，而这时候又增聘谭仲逵君。于是整理各系的实验室与图书室，使学生在教员指导之下，切实用功；改造第二院礼堂与庭园，使合于讲演之用。在社会科学方面，请到王雪艇、周鲠生、皮皓白诸君；一面诚意指导提起学生好学的精神，一面广购图书杂志，给学生以自由考索的工具。丁巽甫君以物理学教授兼预科主任，提高预科程度。于是北大始达到各系平均发展的境界。

我是素来主张男女平等的。九年，有女学生要求进校，以考期已过，姑录为旁听生。及暑假招考，就正式招收女生。有人问我："兼收女生是新法，为什么不先请教育部核准？"我说："教育部的大学令，并没有专收男生的规定；

从前女生不来要求，所以没有女生；现在女生来要求，而程度又够得上，大学就没有拒绝的理。"这是男女同校的开始，后来各大学都兼收女生了。

我是佩服章实斋先生的。那时候国史馆附设在北大，我定了一个计划，分征集、纂辑两股；纂辑股又分通史、民国史两类；均从长编入手。并编历史辞典。聘屠敬山、张蔚西、薛阆仙、童亦韩、徐贻孙诸君分任征集编纂等务。后来政府忽又有国史馆独立一案，别行组织。于是张君所编的民国史，薛、童、徐诸君所编的辞典，均因篇帙无多，视同废纸；只有屠君在馆中仍编他的蒙兀儿史，躬自保存，没有散失。

我本来很注意于美育的，北大有美学及美术史教课，除中国美术史由叶浩吾君讲授外，没有人肯讲美学。十年，我讲了十余次，因足疾进医院停止。至于美育的设备，曾设书法研究会，请沈尹默、马叔平诸君主持。设画法研究会，请贺履之、汤定之诸君教授国画；比国楷次君教授油画。设音乐研究会，请萧友梅君主持。均听学生自由选习。

我在爱国学社时，曾断发而习兵操，对于北大学生之愿受军事训练的，常特别助成；曾集这些学生，编成学生军，聘白雄远君任教练之责，亦请蒋百里、黄膺白诸君到场演讲。白君勤恳而有恒，历十年如一日，实为难得的军人。

我在九年的冬季，曾往欧美考察高等教育状况，历一年回来。这期间的校长任务，是由总务长蒋君代理的。回国以后，看北京政府的情形，日坏一日，我处在与政府常有接触的地位，日想脱离。十一年冬，财政总长罗钧任君忽以金佛郎问题被逮，释放后，又因教育总长彭允彝君提议，重复收禁。我对于彭君此举，在公议上，认为是蹂躏人权献媚军阀的勾当；在私情上，罗君是我在北大的同事，而且于考察教育时为最密切的同伴，他的操守，为我所深信，我不免大抱不平，与汤尔和、邵飘萍、蒋梦麐诸君会商，均认有表示的必要。我于是一面递辞呈，一面离京。隔了几个月，贿选总统的布置，渐渐的实现；而要求我回校的代表，还是不绝，我遂于十二年七月间重往欧洲，表示决心；至十五年，始回国。那时候，京津间适有战争，不能回校一看。十六年，国民政府成立，我在大学院，试行大学区制，以北大划入北平大学区范围，于是我的北京大学校长的名义，始得取消。

综计我居北京大学校长的名义，十年有半；而实际在校办事，不过五年有半，一经回忆，不胜惭悚。

1934年

导读 本文是蔡元培读书近六十年的心得文章，六十年间他除了大病或特别的原因之外，始终坚持读书的习惯。蔡元培读书之心得有二：专心和勤笔。

我的读书经验

　　我自十余岁起，就开始读书；读到现在，将满六十年了，中间除大病或其他特别原因外，几乎没有一日不读点书的，然而我没有什么成就，这是读书不得法的缘故。我把不得法的概略写出来，可以作前车之鉴。

　　我的不得法，第一是不能专心。我初读书的时候，读的都是旧书，不外乎考据、词章两类。我的嗜好，在考据方面，是偏于诂训及哲理的，对于典章名物，是不大耐烦的；在词章上，是偏于散文的，对于骈文及诗词，是不大热心的。然而以一物不知为耻，种种都读；并且算学书也读，医学书也读，都没有读通。所以我曾经想编一部说文声系义证，又想编一本公羊春秋大义，都没有成书。所为文辞，不但骈文诗词，没有一首可存的，就是散文也太平凡了。到了四十岁以后，我开始学德文，后来又学法文，我都没有好好儿做那记生字、练文法的苦工，而就是生吞活剥地看书，所以至今不能写一篇合格的文章，作一回短期的演说。在德国进大学听讲以后，哲学史、文学史、文明史、心理学、美学、美术史、民族学，统统去听，那时候，这几类的参考书，也就乱读起来了。后来虽勉自收缩，以美学与美术史为主，辅以民族学；然而这类的书终不能割爱，所以想译一本美学，想编一部比较的民族学，也都没有成书。

　　我的不得法，第二是不能勤笔。我的读书，本来抱一种利己主义，就是书里面的短处，我不大去搜寻它，我只注意于我所认为有用的或可爱的材料。这本来不算坏。但是我的坏处，就是我虽读的时候注意于这几点，但往往为速读起见，无暇把这几点摘抄出来，或在书上做一点特别的记号。若是有时候想起来，除了德文书检目特详，尚易检寻外，其他的书，几乎不容易寻到了。我国现在有人编"索引"、"引得"，等等。又专门的辞典，也逐渐增加，寻检较易。但各人有各自的注意点，普通的检目，断不能如自己记别的方便。我尝见胡适之先生有一个时期，出门常常携一两本线装书，在舟车上或其他忙里偷闲时翻阅，见到有用的材料，就折角或以铅笔作记号。我想他回家后或者尚有摘抄的手续。我记得有一部笔记，说王渔洋读书时，遇有新隽的典故或词句，就用纸条抄出，贴在书斋壁上，时时览读，熟了就揭去，换上新得的。所以他记得很多。这虽是文学上的把戏，但科学上何尝不可以仿作呢？我因为从来懒得动笔，所以没有成就。

我的读书的短处，我已经经验了许多的不方便，特地写出来，望读者鉴于我的短处，第一能专心，第二能勤笔。这一定有许多成效。

1935年

导读 　在本文中，蔡元培态度鲜明地反对在小学教学生读经，他认为这是无益而有损的。至于中学生，可以适当读经，不可读整部的经。幸运的是今天的学生已经很少读经了。

关于读经问题

读经问题，是现在有些人主张：自小学起，凡学生都应在十三经中选出一部或一部以上作为读本的问题。为大学国文系的学生讲一点《诗经》，为历史系的学生讲一点《书经》与《春秋》，为哲学系的学生讲一点《论语》、《孟子》、《易传》与《礼记》，是可以赞成的。为中学生选几篇经传的文章，编入文言文读本，也是可以赞成的。若要小学生也读一点经，我觉得不妥当，认为无益而有损。

在主张读经的人，一定为经中有很好的格言，可以终身应用，所以要读熟它。但是有用的格言，我们可以用别种方式发挥它，不一定要用原文，例如《论语》说恕字，是"己所不欲，勿施于人"。又说是："我不欲人之加诸我也，我亦欲无加诸人。"在《礼记·中庸》篇说是："施诸己而不愿，亦勿施诸人。"在《大学》篇说是："絜矩之道：所恶于上，毋以使下；所欲于下，毋以事上；所恶于前，毋以先后；所恶于后，毋以从前；所恶于右，毋以交于左；所恶于左，毋以交于右。"在《孟子》说："爱人者人恒爱之；敬人者人恒敬之。"又说："杀人之父，人亦杀其父；杀人之兄，人亦杀其兄。"这当然都是颠扑不破的格言，但太抽象了，儿童不容易领会。我们若用"并坐不横肱"等具体事件，或用"狐以盘饷鹤，鹤以瓶饷狐"等寓言证明这种理论，反能引起兴趣。又如《论语》说:"志上仁人,有杀身以成仁,无求生以害仁。"《孟子》说:"生,我所欲也;义,亦我所欲也,二者不可得兼,舍生而取义者也。"也说得斩钉截铁的样子,但是同儿童说明,甚难了解。我们要是借黄花岗七十二烈士,或其他先烈的传记来证明,就比较的有意思了。所以我认为呆读经文,没有多大益处。在司马迁《史记》里面,引《书经》的话,已经用翻译法,为什么我们这个时代还要小孩子读经书原文呢?

经书里面,有许多不合于现代事实的话,在古人们处他们的时代,不能怪他;若闻以教现代的儿童,就不相宜了。例如尊君卑臣、尊男卑女一类的话。又每一部中总有后代人不容易了解的话,《论语》是最平易近人的,然而"凤凰不至"、"子见南子"、"色斯举矣"等章,古今成年人都解释不明白,要叫小孩子们硬读,不怕窒碍他的脑力么?《易经》全部,都是吉凶悔吝等信仰卜筮的话,一展卷就说"潜龙"、"飞龙"。《诗经》是"国风好色"、"小雅怨诽",在成人或可体会那不淫不乱的界限,怎样同儿童讲明呢? 一开卷就是"窈窕淑女,君子好逑"。《牡丹亭》曲本里的杜丽娘,就因此而引起伤春病,虽是寓言,却实有可以注意的地方。所以我认为小学生读经,是有害的,中学生读整部的经,也是有害的。

1935年

导读 蔡元培这篇回忆文章中重点介绍了他青年时代最为受益的三种书籍，即朱骏声著《说文通训定声》、章学诚著《文史通义》、俞正燮著《癸巳类稿》。

我青年时代的读书生活

我五岁零一个月（旧法算是六岁）就进家塾读书，初读的是《百家姓》、《千字文》、《神童诗》等，后来就读《大学》、《中庸》、《论语》、《孟子》等四书，最后读《诗经》、《书经》、《周易》、《小戴礼记》、《春秋左氏传》。当我读《礼记》（《小戴礼记》的省称）与《左传》（《春秋左氏传》之省称）的时候，我十三岁，已经学作八股文了。那时我的业师，是一位老秀才王子庄先生。先生博览明清两朝的八股文，常常讲点八股文家的故事，尤佩服吕晚村先生，把曾静案也曾详细地讲过。先生也常看宋明儒的书，讲点朱陆异同，最佩服的是刘蕺山先生，所以自号仰蕺山房。先生好碑帖，曾看《金石萃编》等书。有一日，先生对一位朋友，念了"你半推半就，我又惊又爱"两句话，有一位年纪大一点的同学，笑着说："先生念了《西厢》的淫词了。"先生自己虽随便看书，而对于我们未成秀才的学生，除经书外，却不许乱看书。有一日，我借得一本《三国志演义》，看了几页，先生看见了，说："看不得，陈寿《三国志》，你们现在尚不可看，况且演义里边所叙的事，真伪参半，不看为妙。"有一日，我借到一本《战国策》，也说看不得。先生的意思，我们学作小题文时，用字都要出于经书；若把《战国策》一类书中的词句用进去，一定不为考官所取。所以那时我们读书为考试起见，即如《礼记》里面关乎丧礼的各篇各节，都删去读，因为试官均有忌讳，决不出丧礼的题目；这样的读书，照现代眼光看来，真有点可怪了。我十六岁，考取了秀才，我从此不再到王先生处受业，而自由读书了。那时我还没有购书的财力，幸而我第六个叔父茗珊先生有点藏书，我可以随时借读，于是我除补读《仪礼》、《周礼》、《春秋公羊传》、《穀梁传》、《大戴礼记》等经外，凡关于考据或词章的书，随意检读，其中最得益的，为下列各书：

一、朱骏声氏《说文通训定声》。清儒治《说文》最勤，如桂馥氏《说文义证》，王筠氏《说文句读及释例》，均为《说文》本书而作；段玉裁氏《说文解字注》，已兼顾本书与解经两方面，只有朱氏，是专从解经方面尽力。朱氏以引申为转注，当然不合，但每一个字，都从本义、引申、假借三方面举出例证；又设为托名标帜，与各类连语等词类，不但可以纠正唐李阳冰、宋王安石等只知会意不知谐声的错误，而且于许慎氏所采的阴阳家言如对于天干、地支与数目的解说，悉加以合理的更正；而字的排列，以所从的声相联；字的分部以古韵为准；检阅最为方便。我所不很满意的，是他的某殹为某，大半以臆见定之；我尝欲搜集经传中声近相通的例证，替他补充，未能成书，但我所得于此书的益处，已不少了。

二、章学诚氏《文史通义》。章先生这部书里面，对于搭空架子、抄旧话头的不清真的文弊，指摘很详。对于史法，主张先有极繁博的长编，而后可以有圆神的正史。又主张史籍中人地名等均应有详细的检目，以备参考；我在二十余岁时，曾约朋友数人，试编二十四史检目（未成书）；后来兼长国史馆时，亦曾指定编辑员数人试编此种检目（亦未成书），都是受章先生影响的。

三、俞正燮氏《癸巳类稿》及《癸巳存稿》。俞先生此书，对于诂训、掌故、地理、天文、医学、术数、释典、方言，都有详博的考证。对于不近人情的记述，常用幽默的语调反对他们，读了觉得有趣得很。俞先生认一时代有一时代的见解与推想，不可以后人的见解与推想去追改他们，天算与声韵，此例最显，这就是现在胡适之、顾颉刚诸先生的读史法。自《易经》时代以至于清儒朴学时代，都守着男尊女卑的成见，即偶有一二文人，稍稍为女子鸣不平，总也含有玩弄等的意味；俞先生作《女子称谓贵重》、《姬姨》、《娣姒义》、《妒非女人恶德论》、《女》、《释小补楚语笄内则总角义》、《女吊婿驳义》、《贞女说》、《亳州志木兰事书后》、《尼庵议》、《鲁二女》、《息夫人未言义》、《书旧五代史僭伪列传后》、《易安居士事辑》、《书旧唐书舆服志后》、《除乐户丐户籍及女乐考附古事》、《家妓官妓旧事》等篇，从各方面证明男女平等的理想。《贞女说》篇谓："男儿以忠义自责则可耳，妇女贞烈，岂是男子荣耀也？"《家妓官妓旧事》篇，斥杨诚斋黥妓面，孟之经文妓鬟为"虐无告"，诚是"仁人之言"。我至今还觉得有表彰的必要。我青年时代所喜读的书，虽不只这三部，但是这三部是我深受影响的，所以提出来说一说。

1936年

导读 在本文中，蔡元培从智的方面、仁的方面、勇的方面、反迷信的方面和美育等五个方面对孔子的精神生活进行了观察研究。孔子在这五个方面的言论，至今是可以师法的。

孔子之精神生活

精神生活，是与物质生活对待的名词。孔子尚中庸，并没有绝对地排斥物质生活，如墨子以自苦为极，如佛教的一切惟心造；例如《论语》所记："失饪不食，不时不食"，"狐貉之厚以居"，谓"卫公子荆善居室"，"从大夫之后，不可以徒行"，对于衣食住行，大抵持一种素富贵行乎富贵、素贫贱行乎贫贱的态度。但使物质生活与精神生活在不可兼得的时候，孔子一定偏重精神方面。例如孔子说："饭疏食，饮水，曲肱而枕之，乐亦在其中矣；不义而富且贵，于我如浮云。"可见他的精神生活，是决不为物质生活所摇动的。今请把他的精神生活分三方面来观察。

第一，在智的方面。孔子是一个爱智的人，尝说："盖有不知而作之者，我无是也；多闻，择其善者而从之，多见而识之。"又说："多闻阙疑"，"多见阙殆"，又说："知之为知之，不知为不知，是知也。"可以见他的爱智，是毫不含糊，决非强不知为知的。他教子弟通礼、乐、射、御、书、数的六艺，又为分设德行、言语、政事、文学四科，彼劝人学诗，在心理上指出"兴"、"观"、"群"、"怨"，在伦理上指出"事父"、"事君"，在生物上指出"多识于鸟兽草木之名"。（他如《国语》说：孔子识肃慎氏之石砮，防风氏骨节，是考古学；《家语》说：孔子知萍实，知商羊，是生物学；但都不甚可信）可以见知力范围的广大。至于知力的最高点，是道，就是最后的目的，所以说："朝闻道，夕死可矣。"这是何等的高尚！

第二，在仁的方面。从亲爱起点，"泛爱众，而亲仁"，便是仁的出发点。他的进行的方法用恕字，消极的是"己所不欲，勿施于人"；积极的是"己欲立而立人，己欲达而达人"。他的普遍的要求，是"君子无终食之间违仁，造次必于是，颠沛必于是"。他的最高点，是"伯夷、叔齐，古之贤人也，求仁而得仁，又何怨"，"志士仁人，无求生以害仁，有杀人〔身〕以成仁"。这是何等伟大！

第三，在勇的方面。消极的以见义不力为无勇；积极的以童汪踦能执干戈卫社稷可无殇。但孔子对于勇，却不同仁、智的无限推进，而时加以节制。例如说："小不忍则乱大谋"；"一朝之忿，忘其身以及其亲，非惑欤？""好勇不好学，其蔽也乱"；"君子有勇而无义为乱，小人有勇而无义为盗。""暴虎冯河，死而无悔者，吾不与焉，必也临事而惧，好谋而成者也。"这又是何等的谨慎！

孔子的精神生活，除上列三方面观察外，尚有两特点：一是毫无宗教的迷信，二是利用美术的陶养。孔子也言天，也言命，照孟子的解释，莫之为而为是天，莫之致而至是命，等于数学上的未知数，毫无宗教的气味。凡宗教不是多神，便是一神；孔子不语神，敬鬼神而远之，说"未能事人，焉能事鬼？"完全置鬼神于存而不论之列。凡宗教总有一种死后的世界；孔子说："未知生，焉知死？""之死而致死之，不仁而不可为也；之死而致生之，不知而不可为也"；毫不能用天堂地狱等说来附会他。凡宗教总有一种祈祷的效验，孔子说："丘之祷久矣"，"获罪于天，无所祷也"，毫不觉得祈祷的必要。所以孔子的精神上，毫无宗教的分子。

孔子的时代，建筑、雕刻、图画等美术，虽然有一点萌芽，还算是实用与装饰的工具，而不认为独立的美术；那时候认为纯粹美术的是音乐。孔子以乐为六艺之一，在齐闻韶，三月不知肉味。谓："韶尽美矣，又尽善也。"对于音乐的美感，是后人所不及的。

　　孔子所处的环境与二千年后的今日，很有差别；我们不能说孔子的语言到今日还是句句有价值，也不敢说孔子的行为到今日还是样样可以做模范。但是抽象地提出他精神生活的概略，以智、仁、勇为范围，无宗教的迷信而有音乐的陶养，这是完全可以为师法的。

1936年

导读　　蔡元培是中国现代教育的旗帜性人物。他1892年经殿试中进士，被点为翰林院庶吉士；1894年得授翰林院编修；1898年他返回老家绍兴，任绍兴中西学堂监督，提倡新学；1901年被聘为南洋公学总教习；次年他参与创办中国教育会，并任会长；1912年1月他就任南京临时政府教育总长，颁布了《普通教育暂行办法》，并主持制定了《大学令》和《中学令》；1917年蔡元培就任北京大学校长，他支持新文化运动，主张"思想自由，兼容并包"；1927年任南京国民政府大学院院长。

我在教育界的经验

我自六岁至十七岁，均受教育于私塾；而十八岁至十九岁，即充塾师（民元前二十九年及二十八年）。二十八岁又在李莼客先生京寓中充塾师半年（前十八年）。所教的学生，自六岁至二十余岁不等。教课是练习国文，并没有数学与其他科学。但是教国文的方法，有两件是与现在的教授法相近的：一是对课，二是作八股文。对课与现在的造句法相近。大约由一字到四字，先生出上联，学生想出下联来。不但名词要对名词，静词要对静词，动词要对动词；而且每一种词里面，又要取其品性相近的。例如先生出一"山"字，是名词，就要用"海"字或"水"字来对他，因为都是地理的名词。又如出"桃红"二字，就要用"柳绿"或"薇紫"等词来对他；第一字都用植物的名词，第二字都用颜色的静词。别的可以类推。这一种工课，不但是作文的开始，也是作诗的基础。所以对到四字课的时候，先生还要用圈发的法子，指示平仄的相对。平声字圈在左下角，上声在左上角，去声右上角，入声右下角。学生作对子时，最好用平声对仄声，仄声对平声（仄声包上、去、入三声）。等到四字对作得合格了，就可以学五言诗，不要再作对子了。

八股文的作法，先作破题：只两句，把题目的大意说一说。破题作得合格了，乃试作承题，约四五句。承题作得合格了，乃试作起讲，大约十余句。起讲作得合格了，乃作全篇。全篇的作法，是起讲后，先讲领题，其后分作八股（六股亦可），每两股都是相对的。最后作一结论。由简而繁，确是一种学文的方法。但起讲、承题、破题，都是全篇的雏形；那时候作承题时仍有破题，作起讲时仍有破题、承题，作全篇时仍有破题、承题、起讲，实在是重床叠架了。

我三十二岁（前十四年）九月间，自北京回绍兴，任中西学堂监督，这是我服务于新式学校的开始。这个学堂是用绍兴公款设立的。依学生程度，分三斋，略如今日高小、初中、高中的一年级。今之北京大学校长蒋梦麐君、北大地质学教授王烈君，都是那时候第一斋的小学生。而现任中央研究院秘书的马祀光君、任浙江教育厅科员的沈光烈君，均是那时候第三斋的高才生。外国语原有英、法二种，我到校后又增日本文。教员中授哲学、文学、史学的有马湄莼、薛阆轩、马水臣诸君，授数学及理科的有杜亚泉、寿孝天诸君，主持训育的有胡钟生君，在当时的绍兴，可为极一时之选。但教员中颇有新旧派别，新一点的，笃信进化论，对于旧日尊君卑民，重男轻女的旧习，随时有所纠正，旧一点的不以为然。后来旧的运动校董，出面干涉，我遂辞职（前十三年）。

我三十五岁（前十一年）任南洋公学特班教习。那时候南洋公学还只有小学、中学的学生；因沈子培监督之提议，招特班生四十人，都是擅长古文的；拟授以外国语及经世之学，备将来经济特科之选。我充教授，而江西赵仲宣君、浙江王星垣君相继为学监。学生自由读书，写日记，送我批改。学生除在中学插班习英文外，有愿习日本文的；我不能说日语，但能看书，即用我的看书法教他们，他们就试译书。每月课文一次，也由我评改。四十人中，以邵闻泰（今名力子）、洪允祥、王世、胡仁源、殷祖同、谢忱（今名无量）、李叔同

（今出家号弘一）、黄炎培、项骧、贝寿同诸君为高才生。

我三十六岁（前十年），南洋公学学生全体退学，其一部分借中国教育会之助，自组爱国学社，我亦离公学，为学社教员。那时候同任教员的吴稚晖、章太炎诸君，都喜倡言革命，并在张园开演说会，凡是来会演说的人，都是讲排满革命的。我在南洋公学时，所评改之日记及月课，本已倾向于民权女权的提倡，及到学社，受激烈环境的影响，遂亦公言革命无所忌。何海樵君自东京来，介绍我宣誓入同盟会，又介绍我入一学习炸弹制造的小组（此小组本只六人，海樵与杨笃生、苏凤初诸君均在内）。那时候学社中师生的界限很宽，程度较高的学生，一方面受教，一方面即任低级生的教员；教员热心的，一方面授课，一方面与学生同受军事训练。社中军事训练，初由何海樵、山渔昆弟担任，后来南京陆师学堂退学生来社，他们的领袖章行严、林力山二君助何君。我亦断发短装与诸社员同练步伐，至我离学社始已。

爱国学社未成立以前，我与蒋观云、乌目山僧、林少泉（后改名白水）、陈梦坡、吴彦复诸君组织一女学，命名"爱国"。初由蒋君管理，蒋君游日本，我管理。初办时，学生很少；爱国学社成立后，社员家中的妇女，均进爱国女学，学生骤增。尽义务的教员，在数理方面，有王小徐、严练如、钟宪鬯、虞和钦诸君；在文史方面，有叶浩吾、蒋竹庄诸君。一年后，我离爱国女学。我三十八岁（前八年）暑假后，又任爱国女学经理。又约我从弟国亲及龚未生、俞子夷诸君为教员。自三十六岁以后，我已决意参加革命工作。觉得革命只有两途：一是暴动，一是暗杀。在爱国学社中竭力助成军事训练，算是下暴动的种子。又以暗杀于女子更为相宜，于爱国女学，预备下暗杀的种子。一方面受苏凤初君的指导，秘密赁屋，试造炸药，并约钟宪鬯先生相助，因钟先生可向科学仪器馆采办仪器与药料。又约王小徐君试制弹壳，并接受黄克强、蒯若木诸君自东京送来的弹壳，试填炸药，由孙少侯君携往南京僻地试验。一方面在爱国女学为高才生讲法国革命史、俄国虚无党历史，并由钟先生及其馆中同志讲授理化，学分特多，为练制炸弹的预备。年长而根底较深的学生如周怒涛等，亦介绍入同盟会，参加秘密小组。

我三十九岁（前七年），又离爱国女学。嗣后由徐紫则、吴书箴、蒋竹庄诸君相继主持，爱国女学始渐成普通中学，而脱去从前革命性的特殊教育了。

四十岁（前六年），我到北京，在译学馆任教习，讲授国文及西洋史，仅一学期，所编讲义未完，即离馆。

四十一岁至四十五岁（前五年至一年），又为我受教育时期。第一年在柏林，习德语。后三年，在莱比锡，进大学。

四十六岁（民国元年），我任教育总长，发表《对于教育方针之意见》，据清季学部忠君、尊孔、尚公、尚武、尚实的五项宗旨而加以修正，改为军国民教育、实利主义、公民道德、世界观、美育五项。前三项与尚武、尚实、尚公相等，而第四、第五两项却完全不同，以忠君与共和政体不合，尊孔与信仰自由相违，所以删去。至提出世界观教育，就是哲学的课程，意在兼采周秦诸子、印度哲学及欧洲哲学以打破二千年来墨守孔学的旧习。提出美育，因为美感是普遍性，可以破人我彼此的偏见；美感是超越性，可以破生死利害的顾忌，在教育上应特别注重。对于公民道德的纲领，揭法国革命时代所标举的自由、平等、友爱三项，用古义证明说："自由者，'富贵不能淫，贫贱不能移，威武不能屈'是也；古者盖谓之义。平等者，'己所不欲，勿施于人'是也；古者盖谓之恕。友爱者，'己欲立而立人，己欲达而达人'是也；古者盖谓之仁。"

学部旧设普通教育、专门教育两司；改教育部后，我为提倡成人教育、补习教育起见，主张增设社会教育司。

我与次长范静生君常持相对的循环论，范君说："小学没有办好，怎么能有好中学？中学没有办好，怎么能有好大学？所以我们第一步，当先把小学整顿。"我说："没有好大学，中学师资哪里来？没有好中学，小学师资哪里来？所以我们第一步，当先把大学整顿。"把两人的意见合起来，就是自小学以至大学，没有一方面不整顿。不过他的兴趣，偏于普通教育，就在普通教育上多参加一点意见。我的兴趣，偏于高等教育，就在高等教育上多参加一点意见罢了。

我那时候，鉴于各省所办的高等学堂，程度不齐，毕业生进大学时，甚感困难，改为大学预科，附属于大学。又鉴于高等师范学校的科学程度太低，规定逐渐停办；而中学师资，以大学毕业生再修教育学的充之。又以国立大学太少，规定于北京外，再在南京、汉口、成都、广州各设大学一所。后来我的朋友胡君适之等，对于停办各省高等学堂，发见一种缺点，就是每一省会，没有一种吸集学者的机关，使各省文化进步较缓。这个缺点，直到后来各省竞设大学时，才算补救过来。

清季的学制，于大学上，有一通儒院，为大学毕业生研究之所。我于大学令中改名为大学院，即在大学中，分设各种研究所。并规定大学高级生必须入所研究，俟所研究的问题解决后，始能毕业（此仿德国大学制）。但是各大学未能实行。

清季学制，大学中仿各国神学科的例，于文科外又设经科。我以为十四经中，如《易》、《论语》、《孟子》等，已入哲学系；《诗》、《尔雅》，已入文学系；《尚书》、三《礼》、《大戴记》、春秋三《传》，已入史学系；无再设经科的必要，废止之。

我认大学为研究学理的机关，要偏重文理两科，所以于大学令中规定：设法商等科而不设文科者不得为大学；设医工农等科而不设理科者，亦不得为大学；但此制迄未实行。而我于任北大校长时，又觉得文理二科之划分，甚为勉强；一则科学中如地理、心理等，兼涉文理；二则习文科者不可不兼习理科，习理科者不可不兼习文科。所以北大的编制，但分十四系，废止文理法等科别。

我五十一岁至五十八岁（民国六年至十二年），任国立北京大学校长。民国五年，我在法国，接教育部电，要我回国，任北大校长。我遂于冬间回来。到上海后，多数友人均劝不可就职，说北大腐败，恐整顿不了。也有少数劝驾的，说：腐败的总要有人去整顿，不妨试一试。我从少数友人的劝，往北京。

北京大学所以著名腐败的缘故，因初办时（称京师大学堂）设仕学、师范等馆，所收的学生，都是京官。后来虽逐渐演变，而官僚的习气，不能洗尽。学生对于专任教员，不甚欢迎，较为认真的，且被反对。独于行政、司法界官吏兼任的，特别欢迎；虽时时请假，年年发旧讲义，也不讨厌，因有此师生关系，毕业后可为奥援。所以学生于讲堂上领受讲义，及当学期、学年考试时要求题目范围特别预备外，对于学术，并没有何等兴会。讲堂以外，又没有高尚的娱乐与自动的组织，遂不得不于学校以外，竟为不正当的消遣。这就是著名腐败的总因。我于第一次对学生演说时，即揭破"大学学生，当以研究学术为天职，不当以大学为升官发财之阶梯"云云。于是广延积学与热心的教员，认真教授，以提起学生研究学问的兴会。并提倡进德会（此会为民国元年吴稚晖、李石曾、张溥泉、汪精卫诸君发起，有不赌、不嫖、不娶妾的三条基本戒，又有不做官吏、不做议员、不饮酒、不食肉、不吸烟的五条选认戒），以挽奔竞及游荡的旧习；助成体育会、音乐会、画法研究会、书法研究会，以供正当的消遣；助成消费公社、学生银行、校役夜班、平民学校、平民讲演团与《新潮》等杂志，以发扬学生自动的精神，养成服务社会的能力。

北大的整顿，自文科起。旧教员中如沈尹默、沈兼士、钱玄同诸君，本已启革新的端绪；自陈独秀君来任学长，胡适之、刘半农、周豫才、周岂明诸君来任教员，而文学革命、思想自由的风气，遂大流行。理科自李仲揆、丁巽甫、王抚五、颜任光、李书华诸君来任教授后，内容始以渐充实。北大旧日的法科，本最离奇，因本国尚无成文之公、私法，乃讲外国法，分为三组：一曰德、日法，习德文、日文的听讲；二曰英美法，习英文的听讲；三曰法国法，习法文的听讲。我深不以为然，主张授比较法，而那时教员中能授比较法的，只有王亮畴、罗钧任二君。二君均服务司法部，只能任讲师，不能任教授。所以通盘改革，甚为不易。直到王雪艇、周鲠生诸君来任教授后，始组成正式的法科，而学生亦渐去猎官的陋见，引起求学的兴会。

我对于各家学说，依各国大学通例，循思想自由原则，兼容并包。无论何种学派，苟其言之成理，持之有故，尚不达自然淘汰之运命，即使彼此相反，也听他们自由发展。例如陈君介石、陈君汉章一派的文史，与沈君尹默一派不同；黄君季刚一派的文学，又与胡君适之的一派不同；那时候各行其是，并不相妨。对于外国语，也力矫偏重英语的旧习，增设法、德、俄诸国文学系，即世界语亦列为选科。

那时候，受过中等教育的女生，有愿进大学的；各大学不敢提议于教育部。我说：一提议，必通不过。其实学制上并没有专收男生的明文；如招考时有女生来报名，可即著录；如考试及格，可准其就学。请从北大始。于是北大就首先兼收女生，各大学仿行，教育部也默许了。

我于民国十二年离北大，但尚居校长名义，由蒋君梦麐代理，直到十五年自欧洲归来，始完全脱离。

我六十一岁至六十二岁（十六年至十七年）任大学院院长。大学院的组织，与教育部大概相同，因李君石曾提议试行大学区制，选取此名。大学区的组织，是模仿法国的。法国分全国为十六大学区，每区设一大学，区内各种教育事业，都由大学校长管理。这种制度优于省教育厅与市教育局的一点，就是大学有多数学者，多数设备，决非厅局所能及。我们为心醉合议制，还设有大学委员会，聘教育界先进吴稚晖、李石曾诸君为委员。由委员会决议，先在北平（包河北省）、江苏、浙江试办大学区。行了年余，常有反对的人，甚至疑命名"大学"，有蔑视普通教育的趋势，提议于大学院外再设一教育部的。我遂自动地辞职，而政府也就改大学院为教育部；试办的三大学区，从此也取消了。

我在大学院的时候，请杨君杏佛相助。我素来宽容而迂缓，杨君精悍而机警，正可以他之长补我之短。正与元年我在教育部时，请范君静生相助，我偏于理想，而范君注重实战，以他所长补我之短一样。

大学院时代，院中设国际出版品交换处，后来移交中央研究院，近年又移交中央图书馆。

大学院时代，设国立音乐学校于上海，请音乐专家萧君友梅为校长（第一年萧君谦让，由我居校长之名）。增设国立艺术学校于杭州，请图画专家林君风眠为校长。又计划第一次全国美术展览会，但此会开办时，我已离大学院了。

大学院时代，设特约著作员，聘国内在学术上有贡献而不兼有给职者充之，听其自由著作，每月酌送补助费。吴稚晖、李石曾、周豫才诸君皆受聘。

我于六十一岁时，参加中央政治会议，曾与吴稚晖、李石曾、张静江诸君提议在首都、北平、浙江等处，设立研究院，通过。首都一院，由大学院筹办，名曰国立中央研究院。十七年开办，我以大学院院长兼任中央研究院院长。我离大学院后，专任研究院院长，与教育界虽非无间接的关系，但对于教育行政，不复参与了。

1937年